AF458230

LA SOUVERAINETÉ NATIONALE

OU

L'ESPRIT MODERNE EN FACE DE LA TRADITION

PAR

TH. HAMON

PARIS
LIBRAIRIE VICTOR LECOFFRE
90, RUE BONAPARTE, 90

LA

SOUVERAINETÉ NATIONALE

OU

L'ESPRIT MODERNE EN FACE DE LA TRADITION

H282

Lb57
7855

Sceaux. — Imprimerie Charaire et fils.

LA

SOUVERAINETÉ NATIONALE

OU

L'ESPRIT MODERNE EN FACE DE LA TRADITION

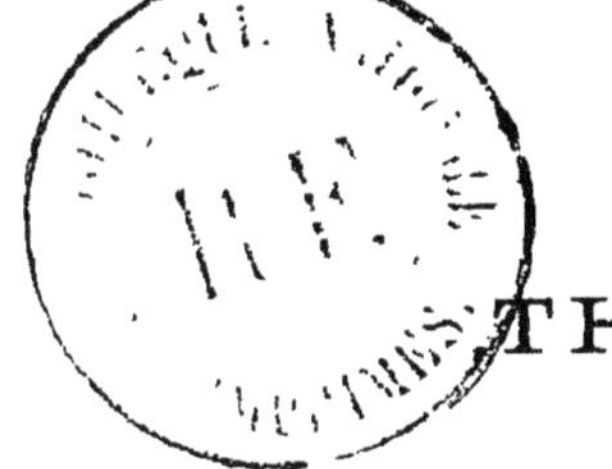

PAR

TH. HAMON

5296

PARIS
LIBRAIRIE VICTOR LECOFFRE
90, RUE BONAPARTE, 90

1881

LA

SOUVERAINETÉ NATIONALE

OU

L'ESPRIT MODERNE EN FACE DE LA TRADITION

PRÉFACE

Objet et motifs de cette étude. — Trois questions à résoudre : — I. Notre Souveraineté nationale est-elle une invention toute moderne et toute française. — II. Quelle a été la doctrine unanime des peuples tant sur la Souveraineté nationale, que sur l'ordre politique en général. — III. Cette doctrine a-t-elle pour appui les fondements posés par Dieu, et, conséquemment, notre système moderne ne doit-il pas être rejeté comme contraire à la volonté de Dieu.

La France se glorifie depuis près d'un siècle de vivre sous un régime nouveau, celui de la Souveraineté nationale. Cette idée de la Souveraineté nationale forme avec celles de l'égalité des citoyens et de la liberté de conscience, la base de notre droit public moderne. Elle s'est élevée chez nous à la hauteur d'un principe ; nous lui en attribuons le nom et les propriétés. C'est d'elle que nous faisons découler tout l'ordre politique ; et, pour mieux marquer le culte que nous lui avons voué, nous n'avons pas craint d'en faire un dogme inviolable et sacré pour tous.

Dans cette situation, il est raisonnable et juste, il est nécessaire pour tous de savoir ce qu'il faut entendre par cette Souveraineté nationale, d'en connaître la nature, la légitimité, les attributions. Car chacun a sa part dans cette Souveraineté; et c'est pour chacun un devoir, et par conséquent un droit de pouvoir se dire ce qu'il fait et ce qu'il doit faire; droit et devoir égaux pour tous, puisque la part est la même pour tous.

Or, il n'est pas rare de voir, de nos jours, des esprits hésitants ou mal assurés dans les matières politiques et sociales. Il règne à cet égard une confusion étrange. L'on ne s'entend plus, et les mêmes termes reçoivent les sens les plus divers. Les principes eux-mêmes sont livrés aux disputes et au doute, et l'on dirait que bien peu de gens possèdent les vrais, parce qu'il en est bien peu qui se tiennent fermes et stables au milieu des fluctuations. Un principe ne mérite ce nom, qu'autant qu'à l'idée que l'on s'en fait correspond objectivement une réalité ayant par elle-même la vertu de principe, c'est-à-dire, de source, de racine, de fondement, de commencement, de première cause, *primum caput*. Il n'est pas jusqu'à cette notion des principes qui ne soit obscurcie, et, pour la plupart d'entre nous, ce sont choses purement subjectives et de convention, des opinions personnelles que chacun est libre d'adopter et de modifier à son gré, selon les raisons qui lui conviennent. De là leur diversité comme infinie; de là aussi pour beaucoup de gens le dégoût des doctrines sociales, et la persuasion qu'on ne peut y trouver la vérité et la certitude. Ils se glorifient en conséquence d'être indifférents entre tous les systèmes, et ce scepticisme passe à leurs yeux pour le haut point de la sagesse politique.

Il ne serait donc pas étonnant que notre Souveraineté nationale donnât lieu, elle aussi, aux interprétations les plus incohérentes. Le nom dont elle s'appelle est lui-même fort élastique et il peut se prêter à des significations contradictoires. Elle se donne d'ailleurs pour un principe, et les principes, comme les racines des plantes, comme les sources des fleuves, se cachent; ils ne se laissent pas apercevoir eux-mêmes, et si l'on n'est attentif à leurs conséquences, ils peuvent aisément devenir le sujet des plus graves méprises.

Que faut-il donc entendre par cette Souveraineté nationale qui préside actuellement à nos destinées? Quel jugement faut-il en porter?

La réponse à cette question peut s'obtenir par des voies différentes, selon que l'on interroge les origines de notre Souveraineté, ou ses effets, ou sa nature intime. Ces divers aspects feront l'objet d'études spéciales. Mais il semble que l'ordre naturel des choses oblige à discuter d'abord un point qui est lui-même d'une importance décisive. Ce n'est rien moins qu'une fin de non recevoir absolue, qu'opposeraient au système ses contradicteurs les partisans des vieux principes. Ces principes, disent-ils, ont gardé tous leurs droits, et, s'il est vrai que notre Souveraineté nationale a la prétention de les remplacer, c'est, *à priori*, une prétention vaine et insensée. Il n'y a pas, il ne peut y avoir de droit contre le droit, et c'est surtout en matière de principes que vaut la règle : *Nihil innovetur præter id quod traditum est.*

Au reste, notre Souveraineté n'est-elle pas la première à provoquer ce débat préliminaire? Écoutez les noms qu'elle se donne. Elle se vante d'être une *découverte*, une *réforme*, un *progrès*, une *conquête*. Elle se compare, elle se préfère au passé. Ce n'est pas encore assez; pour mieux déclarer à quel point elle veut rompre avec ce passé, elle va jusqu'à se proclamer un *principe nouveau!*

Un principe nouveau! Que veut dire une telle expression?

Il y a les principes proprement dits, ceux que le Créateur a posés à l'origine pour être les premiers commencements de toutes choses. Rien de plus respectable que ces principes.

Or, de trois choses l'une :

Ou bien notre Souveraineté évite religieusement de toucher à ces principes, et elle se borne à être simplement une maxime ou une règle d'ordre tout à fait secondaire.

Ou bien elle se regarde comme un de ces principes vénérés, lequel aurait été méconnu jusqu'à ce temps, et la France moderne prétendrait seulement à l'honneur de l'avoir découvert et compris la première.

Ou bien enfin, se dépouillant de tout égard pour ces principes et pour la possession où ils auraient été de diriger les affaires humaines, la nation française se serait émancipée de leur autorité, pour se gouverner désormais à sa guise et d'une façon toute nouvelle.

Laquelle de ces suppositions est la vraie?

Ne le demandez pas à notre Souveraineté nationale. Elle n'a jamais eu sur tout cela que des réponses contradictoires, et des équivoques perfides. Tantôt elle semble ne vouloir rien moins que tout refaire par la racine. Tantôt elle désavoue cette pensée impie, et elle fait montre de sentiments respectueux et conservateurs pour les fondements de l'ordre social. Un jour elle affiche fièrement sa nouveauté ; elle s'en fait un titre de gloire, et elle aspire à l'imposer au monde entier. Et le lendemain, elle baisse le ton jusqu'à prendre peur de sa jeunesse et de sa singularité en face des peuples ; elle s'étudie à trouver parmi eux des aînés ou des alliés, et elle borne son ambition à faire le bonheur de la France.

Ces tergiversations ne sont pas faites pour rassurer, et il est nécessaire de demander à notre principe moderne qu'il s'explique plus franchement au sujet de la constitution première placée par Dieu à la base des sociétés humaines.

Supposé qu'il garde le respect qui est dû à cette constitution divine, rien n'empêche de l'admettre ensuite à produire ses titres, et, soit qu'il perde ou qu'il gagne sa cause, nous serons du moins certains que les fondements premiers de l'édifice restent saufs.

Mais s'il venait à être démontré que ces fondements eux-mêmes ne sont pas épargnés, notre système de la Souveraineté nationale serait jugé par cela même et condamné sans retour, comme coupable au premier chef de révolte contre l'autorité souveraine du Créateur.

L'objet de cette étude est de résoudre ce grave problème.

Il faut savoir d'abord si notre Souveraineté nationale est propre à notre siècle et à notre pays.

En réponse à cette question, notre Souveraineté est confrontée avec les idées, les actes et les révolutions des autres peuples. L'on discute les analogies et les ressemblances que plusieurs se plaisent à établir entre la France du XIXe siècle et divers États des temps modernes, de l'antiquité et du moyen âge. L'on fait voir combien ces rapprochements sont mensongers, combien nous différons plutôt de tous les peuples et de tous les siècles; différence qui va jusqu'à nous rendre les ennemis déclarés des doctrines et des mœurs des temps passés.

Cette opposition une fois établie, il s'agit ensuite d'en mesurer la gravité et l'étendue. Il suffit pour cela de décrire ces maximes qui jusqu'à nous avaient possédé la confiance du genre humain. Cet exposé fait la réponse à une seconde question.

Vient enfin une troisième question : l'on se demande si les croyances sociales de l'antique tradition ne s'appuient pas sur les fondements que le Créateur a donnés aux choses humaines, et si, conséquemment, notre principe moderne de la Souveraineté nationale n'est pas dirigé contre l'ordre établi par Dieu même.

Cette question est résolue par l'affirmative.

En conséquence, notre Souveraineté nationale ne serait pas même admissible à présenter les titres qu'elle prétendrait avoir à la soumission et au respect.

PREMIÈRE QUESTION

NOTRE SOUVERAINETÉ NATIONALE EST-ELLE UNE INVENTION TOUTE MODERNE ET TOUTE FRANÇAISE?

« Il y a dans la maladie de la Révolution française un
« virus d'une espèce inconnue. Son caractère immodéré,
« emporté, radical, désespéré, audacieux, presque fou, puis-
« sant néanmoins, n'a pas de précédent dans les agitations
« sociales. D'où vient cette race nouvelle qui se perpétue et
« a fait souche dans le monde? Car dans des circonstances
« différentes ce sont toujours les mêmes hommes. »

A. DE TOCQUEVILLE.

« Talma avait l'inspiration funeste et le dérangement de
« génie de la Révolution à travers laquelle il avait passé. »

CHATEAUBRIAND.

Notre Souveraineté nationale définie par ses traits généraux.

Il importe, au début de cette discussion, d'en bien définir le sujet et de fixer le sens de ses termes. Que faut-il entendre par cette Souveraineté nationale qui fait l'objet de cette étude? Il ne saurait être question d'en donner dès à présent une définition qui en révèle le fond et l'essence. Mais aussi ne faut-il pas s'exposer à s'en faire une conception arbitraire, un idéal de fantaisie qui tienne plus de l'imagination et du préjugé que de la vérité historique. Notre Souveraineté nationale n'est pas un être de raison ; c'est un être réel, c'est un fait, c'est un acte ayant sa vie et son caractère propre, et pour ne pas raisonner à faux, il est nécessaire de la prendre telle qu'elle est, et non telle qu'on voudrait qu'elle fût.

Or, à l'envisager ainsi, notre système de Souveraineté nationale se caractérise par ces traits généraux :

D'après lui, le nom de *nation* et les prérogatives que comprend ce nom, appartiennent à toute multitude d'individus réunis pour vivre en société, abstraction faite des chefs et des conditions qui constituent son état social.

En conséquence, c'est dans la multitude ainsi envisagée que réside radicalement et imprescriptiblement le pouvoir souverain, avec le droit de le déléguer et de le rappeler à soi, quand et comme il lui plaît. La nation ne saurait contracter d'engagement qui implique une abdication, même temporaire, de la souveraineté.

La volonté de la nation s'exprime par les majorités. Le nombre est la loi suprême, et non la conscience ou l'obéissance à Dieu. Il n'y a pas dans le système place pour Dieu, ni pour la religion qui a la mission de proclamer et de soutenir l'idée et le droit de Dieu parmi les hommes. Notre Souveraineté a pour caractère essentiel le laïcisme, en d'autres termes, la sécularisation de tout ce qu'elle attribue à son domaine, par l'expulsion systématique de l'autorité religieuse.

On le voit, notre Souveraineté nationale a une connexion étroite et nécessaire avec l'égalité des citoyens et la liberté de conscience. Ces trois principes forment un faisceau indivisible et notre Souveraineté nationale n'est pas autre chose au fond que la libre pensée s'attribuant le monopole de la chose publique.

Ainsi, la toute-puissance attribuée au nombre mobile, sans nul égard pour la conscience, ni pour l'autorité d'aucune tradition, même religieuse, voilà en deux mots notre Souveraineté nationale, depuis sa première apparition jusqu'à nous. Les formes ont varié ; le fond a toujours été le même [1].

Or, soit que l'on regarde les autres peuples, nos contemporains, soit qu'on interroge les annales de l'antiquité, ou celles de nos pères du moyen âge, il est impossible de rencontrer nulle part, rien de pareil à notre souveraineté de la nation.

1. « Le plus redoutable ennemi de la démocratie, celui qu'il faut combattre toujours, c'est cet ancien esprit théocratique qui persiste dans les institutions, et qui malgré nos révolutions dispose encore des forces les plus vives de l'État. » (Gambetta, *Discours sur la fosse d'Althon-Shée.*)

« Les choses politiques ne doivent pas être assujetties à la règle des dogmes..., l'État doit être laïque. » (M. Bérenger, député du centre droit à l'Assemblée nationale de 1871, et catholique.)

Le général Robert, député de la droite à l'Assemblée nationale, et qui avait courageusement défendu la cause religieuse, disait dans sa profession de foi, comme candidat au Sénat.

« 1° Je suis catholique ;

« 2° Je déclare entendre et avoir toujours entendu et déclaré qu'il faut absolument séparer la religion de la politique, et la politique de la religion. Les affaires de la conscience ont leur place au fond de l'âme, les affaires politiques sont dans le domaine des intelligences et des sentiments. (*Sic.*) »

« Constituer la société en dehors de la religion, contester à la vérité religieuse son caractère de vérité sociale, ne consentir à la respecter provisoirement qu'à titre de liberté de la conscience individuelle, » telle est la pensée de la Révolution.

(CHESNELONG. Droite royaliste.)

CHAPITRE PREMIER

Est-il un autre peuple parmi les modernes qui entende comme nous la Souveraineté nationale ?

L'Allemagne, l'Autriche-Hongrie, le Danemark, la Suède et la Hollande sont restées fidèles à leurs anciennes dynasties. Bien que travaillées par nos idées, l'Italie et l'Espagne s'en défendent avec succès sur un point capital, celui du droit dynastique. La Révolution de la Belgique, en 1830, diffère esssentiellement de la nôtre, et dans son origine, et dans ses conséquences. L'émancipation des États-Unis et leur esprit politique sont encore plus étrangers à notre principe de la Souveraineté nationale. Les Révolutions de l'Angleterre au XVIIe siècle, au lieu de renverser les institutions anciennes, n'aboutirent qu'à rendre plus ferme la vieille constitution nationale, et le coup porté au catholicisme dans la personne des Stuarts, n'attaqua point le principe de l'union de l'Église et de l'État.

Conclusion : La France est la seule nation moderne à entendre comme elle l'entend son principe de la Souveraineté de la nation.

M. le prince de Joinville écrivait à ses électeurs de Seine-et-Marne, en décembre 1875, après la dissolution de l'Assemblée nationale : « Pour atteindre ce but (sauver la Frane), il aurait fallu, selon moi, opposer la mo- « narchie qui a fait la France à l'Empire qui l'a défaite, « le principe traditionnel d'hérédité au principe plébisci- « taire... En rétablissant la monarchie constitutionnelle « qui a déjà assuré trente-trois ans de paix, de prospé- « rité, de liberté à la France, et qui régit heureusement « presque tous les États de l'Europe, nous aurions repris, « sous l'égide du principe d'hérédité, le grand mouve- « ment libéral de 1789. Dans le principe d'hérédité la « France eût retrouvé, avec tous les souvenirs de son « histoire, la stabilité qui pendant tant de siècles a fait

« sa puissance et sa grandeur. Pendant ces heures de « trouble et de danger, il eût tracé aux hommes de cœur « la ligne du devoir invariable et indiscutable : se ser- « rer autour du roi. Voilà, messieurs, le gouverne- « ment que j'aurais souhaité à mon pays. Nous avons « essayé de le rétablir ; nous n'avons pas réussi. »

Le prince assimile, il identifie les régimes les plus dissemblables, celui de Juillet, la Restauration, les gouvernements étrangers ; il les confond sous la dénomination commune de gouvernements constitutionnels ; il y rattache même l'ancienne monarchie traditionnelle de la France. Il ne trouve à leur opposer que l'Empire avec ses plébiscites. C'est faire bien peu d'attention à notre Souveraineté nationale, qui pourtant a révolutionné profondément notre vie politique, et creusé un abîme entre les gouvernements qui s'appuient sur elle, et ceux qui se fondent sur la souveraineté dynastique. Ce point de vue n'est-il pas le principal, et s'il faut rapprocher le gouvernement de Juillet de quelque autre, n'est-ce pas de l'Empire, de la République même, établis comme lui sur le fondement de la Souveraineté nationale ?

Un prince du sang royal a fait une telle confusion ; c'est dire que bien d'autres peuvent en commettre et en commettent en effet de pareilles.

Les nations modernes ont subi des changements dans leur situation politique ; aucune n'en a subi qui ressemble à celui qui s'est fait et qui se perpétue chez nous. Les changements causés chez ces nations ont reçu le nom de *Révolutions ;* mais ce nom convient en propre et uniquement à celui que 89 nous a légué ; seul il s'appelle et justement la *Révolution.*

Regardons autour de nous. Partout où vivait le principe monarchique, il y a cent ans, ce principe s'est maintenu. Ainsi pour ne parler que des États où les citoyens participent davantage à la vie publique, les pays Allemands, l'Autriche-Hongrie, le Danemark, la Suède, la Hollande, l'Angleterre, l'Italie, l'Espagne, tous ces États ont conservé leurs maisons régnantes.

L'Italie, l'Espagne et la Belgique, j'en conviens, sont particulièrement travaillées par les idées qui dominent chez nous ; elles ont eu récemment des Révolutions qui ont modifié profondément leur vie politique. Mais à supposer que notre idée de la Souveraineté nationale règne aussi chez elles, d'où leur serait-elle venue, sinon de notre pays ? Ce n'est pas dans leur sein qu'elle a germé spontanément. C'est un produit de notre sol ; c'est une marchandise française importée par nous chez nos voisins. Nous avons tout fait pour leur comuniquer notre manière de penser et de faire, et si le succès a suivi, il ne doit s'attribuer qu'à la pression d'influences étrangères et principalement de la nôtre. Ces événements sont trop récents et trop connus, pour que nous croyions avoir besoin de les rappeler au long.

Mais pourtant, nos efforts ont-ils abouti à un plein succès ? Avons-nous réussi à implanter chez ces peuples notre idée de la Souveraineté nationale, à l'y naturaliser ? Pas encore. Le droit dynastique qu'elle repousse invinciblement s'est soutenu en Espagne, en Italie, en Belgique.

En Espagne ce droit a été blessé simplement, et par la volonté du roi qui occupait le trône, Ferdinand VII, père d'Isabelle. C'est contre ce droit qu'ont échoué successivement et la République de Castelar et la Royauté du duc d'Aoste, et c'est de lui qu'Alphonse XII tient actuellement la meilleure partie de ce qu'il a de force et d'autorité.

L'Italie a éprouvé davantage les effets de notre propagande révolutionnaire, et le droit dynastique y a souffert des coups plus sensibles. Naples, Florence, Parme, Rome ont perdu leurs souverains. Cependant, au milieu de ces ruines, un trône reste debout, celui de la maison de Savoie. C'est le roi de Piémont qui s'est fait ou qui s'est laissé faire roi d'Italie ; et, sinon comme roi d'Italie, du moins comme roi de Piémont, il s'appuie sur le principe de la tradition monarchique. En vertu de ce droit, Humbert vient de succéder à Victor-Emmanuel, son père, et si parfois le principe de la Souveraineté nationale a pu être invoqué, c'est par une pure formalité de protocole, et afin d'en imposer aux esprits assez naïfs pour y croire. L'hérédité monarchique pour les États sardes, et pour le reste de l'Italie la conquête, le fait accompli, l'appui des puissances étrangères et par-dessus tout l'ambition de former un État de premier ordre, voilà toute l'explication du royaume d'Italie. Notre idée de la Souveraineté nationale n'a fourni qu'un appoint insignifiant.

Quel contraste avec notre France où cette idée toute seule a suffi à la tâche, et à quelle tâche! L'antique et huit fois séculaire dynastie des Bourbons renversée ; trois essais de dynasties nouvelles misérablement avortés ; enfin toute hérédité quelconque rendue impossible.

La Belgique nous ressemble encore moins. Elle a eu sa Révolution en 1830, et depuis ce temps la maison royale qu'elle s'est donnée conserve paisiblement le trône ; elle en est à son second roi, et le droit du prince n'est contesté ni discuté par personne.

L'on se prévaut moins de la Révolution belge, de ses causes, de son esprit; n'est-ce pas précisément parce qu'elle s'écarte encore plus de la nôtre?

La Belgique avait été réunie par le congrès de Vienne à la Hollande et soumise au Souverain de ce petit royaume. Cette réunion était contraire à toutes les traditions politiques et religieuses du pays. Autrefois, il est vrai, Belgique et Hollande vivaient unies, sous le sceptre de la maison d'Autriche. Mais les provinces du Nord s'étant données au calvinisme, dans la seconde moitié du XVIe siècle, elles se rendirent indépendantes, tandis que les autres, restées catholiques, continuèrent d'obéir à la maison d'Autriche. De là deux peuples que la religion avait divisés, et qu'elle ne cessa d'opposer l'un à l'autre, chacun trouvant dans cette rivalité un stimulant à sa foi religieuse. La Belgique s'était affermie dans son vieil attachement au catholicisme lorsque, à la fin du siècle dernier, Joseph II entreprit de lui imposer des lois contraires à la liberté de l'Église. Plutôt que de s'y soumettre, elle en était venue à rejeter l'autorité de l'Empereur, quand éclata notre Révolution qui mit fin à ce débat en s'emparant du pays et en l'incorporant au territoire français.

Ces faits nous disent assez le mécontentement que ressentirent les provinces Belges en se voyant assujetties par les traités de 1815 à la couronne de Hollande, c'est-à-dire à une puissance doublement antipathique et comme étrangère et comme protestante. Leur mécontentement alla croissant jusqu'en 1830, où elles secouèrent leur joug et se donnèrent un gouvernement sous la forme d'une monarchie constitutionnelle et héréditaire.

La cause principale et décisive de la Révolution avait donc été l'attachement du pays à la foi de ses pères. Les libéraux et notre gouvernement de Juillet n'y avaient eu qu'un rôle secondaire. La nation avait accepté leur concours, sans lequel le succès n'eût pas été obtenu peut-être. Mais ce n'est pas d'eux que la révolution a reçu sa note dominante.

Comparez maintenant cette révolution avec les nôtres : La Belgique n'a fait que se soustraire à une souveraineté étrangère qui lui avait été imposée arbitrairement, contre son gré et au mépris de ses vœux les plus légitimes. Une fois affranchie de cette autorité antinationale, elle se fait une constitution et une souveraineté qui lui sont propres. Cette constitution, elle ne la crée pas *a priori,* comme toutes celles que la France s'est données depuis 89; elle l'a tirée de son sein, de son passé, de ses habitudes traditionnelles, se bornant à donner à ce fond national la forme d'un gouvernement souverain. Et voilà cinquante ans qu'elle garde cette constitution et ses rois; cinquante ans pendant lesquels nous avons changé quatre ou cinq fois de constitutions et de chefs, passant de la Royauté de Juillet à la République, de la République à l'Empire, de l'Empire à la République, pour aboutir à l'heure qu'il est, à une constitution révisable, et à un avenir plein d'incertitude.

Mais, direz-vous, peut-être, nous avons mieux que la Belgique, l'Espagne et l'Italie ; nous avons pour nous des nations plus illustres et plus florissantes : l'Angleterre et les États-Unis d'Amérique. Vous avez eu tort de ranger l'Angleterre parmi les contrées où notre idée de la Souveraineté nationale n'a pas cours. Cette nation a une dynastie; mais c'est une dynastie qu'elle a mise en place d'une autre, par une Révolution mémorable. Elle a des rois, mais ces rois doivent se contenter de régner, ils ne gouvernent pas. C'est le pays qui se gouverne lui-même, par son Parlement, par des ministres responsables, surtout par l'opinion publique, qui est la vraie souveraine.

Les États-Unis donnent une place encore plus large aux citoyens dans le gouvernement. Et surtout, ils ne sauraient souffrir l'ombre d'une monarchie héréditaire. Ils n'ont que des *Présidents*, qu'ils élisent librement et pour quatre ans seulement, et il n'y a pas d'exemple d'un Président réélu, tant la nation tient à rester maîtresse de ses destinées.

Voilà de grands et nobles modèles de Souveraineté nationale. La France n'a pas pu mieux faire que de s'en inspirer, et de composer avec eux une sorte de triumvirat, destiné à propager dans le monde le règne de la liberté politique.

Ainsi parlent nombre de gens, sur la foi de publicistes célèbres, arborant avec complaisance un drapeau qu'ils croient porter en commun avec l'Angleterre et les États-Unis.

Voyons si ce bel enthousiasme se justifie.

Il y a un siècle que les États-Unis existent comme nation souveraine ; il y en a deux que le peuple anglais vit de cette révolution de laquelle il date ses libertés ; et, pendant tout ce temps, ils n'ont pas eu à essuyer un seul de ces bouleversements qui, nombre de fois, ont changé chez nous la face des choses. Quelle opposition! Eh quoi, un même principe comporte-t-il des applications si différentes? Si la Souveraineté nationale est entendue par ces peuples comme par nous, d'où vient donc que la pratique offre un tel contraste? Vous en prendrez-vous à la différence des caractères, et direz-vous que le Français a une mobilité d'humeur qui ne se voit pas dans l'Anglais ni dans l'Américain. Mais alors, dites-nous comment il se fait qu'avec un pareil tempérament nos pères s'étaient montrés de tout temps, depuis leur origine la plus reculée jusqu'à 89, la nation la plus constante dans ses voies, la plus fidèle à ses traditions, la plus attachée à ses rois. Comparez l'histoire de l'ancienne France avec celle de n'importe quel autre pays, et dites s'il a existé un peuple moins sujet aux Révolutions. Cessez donc de vouloir expliquer par la différence des caractères l'étonnante opposition qui se fait voir à présent entre notre instabilité perpétuelle, et l'uniformité à peine troublée de l'Angleterre et des États-Unis d'Amérique, et confessez plutôt qu'une telle opposition dans les effets accuse nécessairement une opposition réelle dans les causes.

L'on fait sonner bien haut les Révolutions d'Amérique et d'Angleterre et l'on prétend y trouver une ressemblance, une justification, une glorification pour nos Révolutions de 89 et de 1830.

Voyez les faits et dites ce qu'il en est de cette assimilation.

Nous en convenons, la Révolution d'Amérique et notre Révolution de 89, accomplies dans le même temps, s'envisagèrent comme deux sœurs et se donnèrent la main par-dessus l'Océan, pour s'aider à arriver au jour. C'est la France qui, par le secours de ses armes et par les idées de rénovation sociale dont elle était alors le foyer, fit triompher, sur les champs de bataille et devant l'opinion, la cause de l'Indépendance américaine. Réciproquement, notre Révolution française fut beaucoup aidée dans son premier essor par l'apparition de cette jeune République du nouveau monde. Il y eut entre les deux Révolutions une correspondance, ou, si l'on y tient, une certaine communauté d'idées et d'aspirations, empruntées à la même source, à ces doctrines philosophiques qui, non seulement en France, mais en Angleterre, en Allemagne, et partout, poussaient les esprits hors des voies de la tradition. Franklin, Jefferson, qui jouèrent un rôle important dans les affaires de l'émancipation américaine, étaient imbus de ces doctrines et dévoués à leur application : ils leur donnèrent place dans la fameuse *Déclaration d'Indépendance*, par laquelle les colons d'Amérique annoncèrent au monde (1776) qu'ils s'affranchissaient de l'autorité de la métropole.

Mais là s'arrête la parité. Elle se borne à des dehors, à des circonstances purement accidentelles ; elle n'atteint pas le fond. La Révolution américaine aurait plutôt quelque ressemblance avec celle de la Belgique. Pour les colonies anglaises comme pour les provinces belges, il s'agissait de se dérober à une souveraineté qui s'exerçait du dehors, qui méritait d'être tenue pour étrangère et antinationale ; au lieu qu'on a vu la France de 89 briser une souveraineté éminemment française, et digne à tous égards du nom qu'elle portait de *Maison de France*.

Il en fut de l'Amérique comme du jeune homme

qui, parvenu à l'âge de fonder une famille et traversé dans ses justes désirs par celle dont il est né, fait ce que dit l'Écriture, quitte son père, sa mère, pour s'attacher à une épouse et se faire une demeure à lui. Pour la France, elle donne l'idée de ces fils de famille qui, dans la maison paternelle et pour s'en rendre les maîtres, se révolteraient contre leur père et leur chef ; ils le dépouillent de son autorité ; ils le réduisent à n'être que l'exécuteur responsable de leurs volontés, et, en cas de résistance, ils le font mourir ou le chassent de sa propre maison.

Notre patrie était-elle donc à naître en 1789 ? Depuis plusieurs siècles elle formait une nation prospère et la plus florissante du monde. Et voici ce qu'elle a fait. Elle n'a compté pour rien l'état qu'elle avait reçu du passé ; elle l'a pris à dégoût, et, de ses propres mains, elle s'est démolie, sous prétexte de se reconstruire à nouveau, sur des fondements et selon des plans directement opposés aux anciens.

Au contraïre, la question pour les Américains c'était de naître; et voyez s'ils résolurent cette question avec simplicité. Il y avait deux siècles que les premiers colons avaient mis le pied sur ces plages nouvellement découvertes. Depuis, d'autres étaient arrivés à des époques diverses, et s'étaient établis sur des points différents. La plupart étaient des non-conformistes qui fuyaient la persécution et cherchaient à se faire une autre patrie. Ils venaient à leurs risques et périls, et chaque troupe nouvelle se donnait l'organisation qui lui convenait, sans autre concours du gouvernement anglais que le laisser-faire. Les colonies acquirent en peu de temps une prospérité considérable. Le voisinage, et la communauté d'origine, de langue, d'intérêts les rapprochèrent. Elles ne tardèrent pas à sentir la nécessité d'un lien plus fort et d'une organisation plus complète, justement pour se protéger contre les exigences de la mère-patrie. Leurs richesses croissantes avaient paru à celle-ci une mine bonne à exploiter pour son propre compte. Les colons ne l'entendaient pas ainsi. De là des froissements, et une inimitié qui devait se terminer par une séparation. Les Américains s'émancipèrent et se firent leurs maîtres. Ils se donnèrent une Constitution, un gouvernement général et une capitale. Mais chaque colonie garda sa constitution spéciale, ses lois, ses coutumes, ses chefs particuliers ; elle continua d'être un État distinct.

La constitution nouvelle, le gouvernement *fédéral*, l'*Union* n'eut d'autre objet que les intérêts et les besoins communs, ceux des *États-Unis*. La capitale, ce fut simplement une petite ville bâtie à dessein de servir de siège au Président et au Congrès, sous le nom de *Ville fédérale*.

Ainsi, tout se suit et vient à son heure dans cette Révolution ; elle ne fait que confirmer l'ouvrage du passé et lui donner son couronnement ; et, pour l'avenir, elle n'aspire qu'à fonder sur le passé un ordre stable, susceptible seulement des perfectionnements que le temps pourra apporter. Ce n'est pas une *révolution*, au sens rigoureux du mot, celui de réaction violente contre le passé ; c'est simplement une *évolution*, qui donne à ce passé son achèvement naturel.

Or pendant que l'Union américaine se *constituait* de cette sorte, que faisait notre première Constituante ? Elle ne laissait rien subsister des droits en possession. Elle passait sur tout le niveau d'une administration entièrement neuve, machine savante destinée à tout centraliser, à faire régner partout l'uniformité la plus exacte, en étouffant toute spontanéité dans sa source. Et qu'était-ce que ce bourg de Washington auprès de notre Paris, de ce Paris des journées de Juillet et d'Octobre 1789, de ce Paris qui fut le cœur, la tête et le bras de tous nos bouleversements?

Enfin, il est superflu d'observer que l'idée religieuse est restée entièrement étrangère à la Révolution des colons américains. Au lieu qu'un des premiers actes de notre Révolution fut de renverser de fond en comble l'état de la religion en France.

Voilà, dans des origines si différentes, plus qu'il n'est besoin pour expliquer le contraste que nous avons signalé plus haut entre nos perpétuelles variations et la permanence des institutions aux États-Unis; contraste d'autant plus étonnant que les États-Unis ont été soumis dans leur développement à une cause incessante de changements, l'immigration. Cette immigration n'a cessé de verser dans leur sein des populations accourues de tous les points du monde, avec les croyances et les habitudes les plus diverses. Le fonds primitif des anciens colons a été comme submergé sous le flot de cette vaste inondation. La tradition politique n'a pas sombré et les institutions sont restées les mêmes substantiellement. Notre pays n'a pas eu à subir d'épreuve semblable ni dans sa population ni dans ses mœurs. Et, néanmoins, il n'est sorte d'aventures qu'il n'ait courues depuis cent ans.

La chose est donc évidente : tout amis qu'ils sont de l'indépendance, et en dépit de leur humeur entreprenante et hardie jusqu'à la témérité, les fiers républicains des États-Unis pratiquent la souveraineté d'une façon totalement différente de la nôtre. L'idée qu'ils se font de la nation et de sa souveraineté est inséparable du respect et de la tradition et des droits qu'elle consacre. Et c'est précisément contre cette tradition et contre ces droits que nous, Français du XIXe siècle, nous avons cherché une arme dans notre idée de la Souveraineté nationale.

Mais si dans cette guerre au passé, l'alliance des États-Unis nous fait défaut, nous nous flattons, du moins, d'avoir celle de l'Angleterre, et nous apportons en preuve la Révolution de 1688.

A première vue, les troubles qui ont agité l'Angleterre durant le XVIIe siècle offrent des analogies frappantes avec ceux qui se sont succédé en France depuis 89 jusqu'à 1830. Des deux côtés se voient d'abord des démêlés entre la royauté et la nation; puis, un mouvement démocratique et égalitaire aboutissant au supplice du roi, à l'abolition de la dignité royale et à l'établissement de la République; ensuite, la dictature, après laquelle une Restauration qui remet aux prises le pouvoir royal et la nation; enfin, une Révolution qui change l'ordre de succession au trône et consacre le triomphe des libertés publiques.

Toutefois les analogies s'arrêtent là, à 1688 pour l'Angleterre, à 1830 pour la France. La France a connu bien d'autres Révolutions depuis 1830; l'Angleterre en est restée à celle de 1688. Nous avons déjà remarqué cette première différence et signalé la conséquence qui en sort; nous n'y reviendrons pas. Tenons-nous dans les limites du parallèle que nous venons d'indiquer, de 1625 à 1688 pour l'Angleterre, et de 1789 à 1830 pour notre pays.

Nous observerons premièrement que le mouvement républicain qui détrôna Charles Ier, ne saurait être assimilé à celui qui renversa Louis XVI, à en juger surtout par les doctrines qui les inspirèrent. Le premier dut la victoire à une exaltation religieuse poussée jusqu'au fanatisme. C'est le règne de Dieu que les Puritains visaient à fonder, en place de celui de l'homme. Leur idéal était une théocratie semblable à celle qui régissait le peuple de Dieu sous les Juges.

Nos républicains ont mis, au contraire, en tête de leur programme la négation des droits de Dieu et de son Christ, et l'affirmation unique des droits de l'homme.

Il faut remarquer ensuite qu'en Angleterre le républicanisme ne pénétra pas avant dans la masse de la nation; il n'en altéra pas l'esprit et les mœurs; il en comprima pendant quelque temps les habitudes et les tendances naturelles, sans réussir à leur faire prendre un autre cours. Lui-même se termina aussitôt à une contrefaçon de la monarchie héréditaire dans les mains de Cromwell; et à peine cet homme eut-il quitté la scène, que la vie nationale, délivrée de la pression, reprit, comme spontanément, son fonctionnement naturel : ainsi qu'un fleuve qui, troublé un moment dans son cours par le choc d'un torrent qu'une pluie d'orage a formé, reprend bientôt sa pente dans le lit s'est qu'il creusé depuis des siècles. L'Écosse, laissée libre de suivre son attachement au presbytérianisme, abandonna les non-conformistes d'Angleterre; elle revint à ses anciens rois; elle les rendit à l'Angleterre qui les accueillit elle-même avec empressement, et les replaça sur le trône où les appelait le droit traditionnel de l'hérédité. Le *Parlement-Convention* déclara dans un acte solennel « *qu'en vertu des lois anciennes fondamentales, le gouvernement était et devait être composé de roi, lords et communes.* » Il invita le fils de Charles Ier à venir prendre possession du trône qui *lui appartenait par droit de naissance.* Ce fut une restauration complète, je veux dire, non seulement de la dignité royale et de la maison régnante, mais encore des lords et des communes dont les attributions avaient été également foulées aux pieds par les meurtriers de Charles.

Or, est-ce une restauration semblable qui s'est opérée chez nous en 1815? Et supposé que la France s'y soit portée avec le même empressement et la même unanimité, a-t-on vu les ordres anciens du clergé, de la noblesse et du tiers reprendre leurs places au pied du trône? Non, la Restauration n'a pas été complète comme elle l'a été en Angleterre, et l'antique tradition ne vit point réparer toutes ses brèches. Il y a plus, notre Restauration ne resta pas longtemps en paix; elle vit se redresser contre elle les partis ennemis qui avaient renversé l'ancienne monarchie en 89, et c'est sous leurs coups qu'elle succomba en 1830.

En a-t-il été ainsi de la Restauration des Stuarts? A-t-il été permis aux complices de Cromwell de relever la tête? Est-ce la royauté traditionnelle, avec les institutions anciennes de l'État, qui était à abattre de nouveau? Chez nous, c'est contre 1815 et pour refaire 89 que 1830 s'est accompli; 1688 a-t-il prétendu de même détruire en Angleterre l'ordre de choses restauré en 1660 et recommencer l'œuvre des Parlementaires? Nullement. La seule chose qui fût en question, c'était de ramener la royauté aux limites dans lesquelles la renfermait la tradition nationale, par le respect des prérogatives que la même tradition attribuait au Parlement, à la nation et aux citoyens. Ces prérogatives avaient été rappelées dans la *pétition des droits*, qui fut présentée en 1637 à la sanction de Charles Ier. Elles furent consignées plus tard dans la *déclaration des droits*, et offertes à l'acceptation de Guillaume d'Orange et de Marie (1688). En refusant de les reconnaître, Charles Ier avait maintenu la cause des divisions qui mettaient aux prises la royauté et la nation. En les acceptant, le prince d'Orange la fit disparaître ; les troubles prirent fin, et la vie nationale rentra en pleine possession du mode spécial que lui avait fait une longue tradition.

Telle fut, sous le rapport politique, toute la Révolution de 1688. La vieille Constitution de l'Angleterre, dont l'origine se confond avec celle du peuple anglais, sortit de cette longue crise, encore plus *aristocratisée*, si l'on peut ainsi parler. C'était un changement, nous l'accordons ; mais un changement dans le sens même de la constitution, l'élément aristocratique y tenant déjà la place la plus importante. A ce point de vue, il n'y avait pas révolution, à prendre ce mot dans le sens qu'il reçoit chez nous, celui de réaction contre le passé ; mais plutôt évolution, comme pour les États-Unis et la Belgique ; évolution, c'est-à-dire développement conforme au tempérament politique de la nation, développement obtenu par elle en se retrempant aux sources vives de sa vieille constitution.

Assimilez maintenant, si vous l'osez, la Révolution d'Angleterre à la nôtre. Où sont les vieilles prérogatives de la nation que les Bourbons auraient obstinément foulées aux pieds? Que Louis XIV ait inauguré en France le gouvernement absolu, que l'esprit public ait, après le grand roi, éprouvé le besoin de réagir et de respirer; très bien. Mais Louis XV opprima-t-il les libertés publiques? Ne laissa-t-il pas plutôt, par une coupable faiblesse, les parlements se livrer à une extrême licence? Les provinces n'avaient-elles pas leurs États toujours consultés pour les subsides? Et surtout, est-il possible de rencontrer dans l'histoire un souverain plus sincèrement disposé que Louis XVI à toutes les concessions, à toutes les réformes; et, supposé que des abus de pouvoir fussent passés en coutume, n'était-il pas le premier à vouloir y remédier efficacement? Enfin, quel gouvernement plus loyalement libéral que celui de la Restauration?

Non, il ne s'est point agi chez nous de relever un édifice qui menaçât ruine, de reconquérir des libertés perdues ou compromises, de rétablir un ordre de choses qui fût né, qui eût grandi avec la France. C'était tout l'opposé : on a commencé par faire table rase de tout ce que les ancêtres avaient légué, Royauté souveraine, Ordres du Clergé, de la Noblesse et du Tiers, États généraux et provinciaux, Parlements, provinces, diocèses, corporations religieuses et laïques, coutumes les plus anciennes. Rien ne fut négligé pour extirper l'ancien régime, jusqu'aux titres, aux noms, à tout ce qui pouvait en rappeler l'idée. Et si 1830 ne s'est pas signalé par une rage égale de destruction, il a néanmoins renouvelé ou maintenu l'abolition de la monarchie traditionnelle, des ordres du clergé, de la noblesse et du tiers, de la religion d'État, et acclamé de nouveau cette souveraine inconnue jusqu'à nous, la nation.

Il y a donc, il faut en convenir, un abîme entre notre Révolution et celle d'Angleterre, au point de vue politique, du moins.

Ce point de vue, on le sait, n'est pas le principal dans la question. L'idée religieuse était surtout en jeu. Il faut aborder maintenant ce côté de la question.

Une première chose est certaine. Tant que les difficultés pendantes entre les Stuarts et la nation anglaise ne se compliquèrent pas de la question soulevée par le catholicisme du duc d'York, elles ne réclamaient pas comme solution, dans la pensée de personne, une atteinte quelconque aux droits de la maison régnante. Les Stuarts avaient eu beau froisser le sentiment national, et par leurs empiètements sur les droits du parlement, et par l'abaissement qu'avait subi au dehors la nation anglaise, et par les alliances qu'ils entretenaient avec la France catholique, nul ne songeait à remédier à cette situation pénible par une révolution dynastique. La tradition faisait de l'hérédité royale et des lois qui en réglaient l'ordre, une chose inviolable, tant qu'il n'y avait en cause que des intérêts purement politiques. Mais que des intérêts d'un ordre supérieur, les intérêts religieux, intervinssent, une autre tradition élevait aussitôt la voix, et, en cas de conflit avec la tradition politique, elle devait l'emporter sur celle-ci, pour autant que la religion l'exigerait.

Or, voilà justement ce qui s'est passé en 1688. Le principe de l'hérédité dynastique n'a été violé dans la personne de Jacques II et d'une partie de ses descendants que pour sauvegarder la tradition religieuse de la nation.

Il est vrai, cette tradition, en tant qu'elle concernait l'Église anglicane, était d'origine encore récente; elle ne remontait pas au delà de 150 ans; et d'ailleurs elle était radicalement illégitime, comme consacrant le schisme et l'hérésie. L'Angleterre avait eu, au XVIe siècle, une révolution proprement dite dans l'ordre religieux, en reniant son passé catholique. Ce passé réclamait, et son droit était imprescriptible, fondé qu'il est sur la vérité, sur une volonté immuable de Dieu. Il réclamait par Jacques II, et l'Angleterre, en le repoussant, manquait gravement aux droits sacrés de l'ordre divin.

Cela est évident. Mais ce qui ne l'est pas moins, c'est que, quoi que l'on doive penser de l'illégitimité de l'anglicanisme, cette forme religieuse avait déjà reçu au plus haut point, chez nos voisins, le caractère de religion nationale, et partant, elle avait été mise, et elle se trouvait en fait, depuis plus d'un siècle, en pleine possession des droits propres à une religion nationale. C'était, selon toute la force de l'expression, l'Église *anglicane*, l'Église d'Angleterre, si bien passée dans les institutions, les mœurs, et comme dans le sang du peuple anglais, qu'elle était devenue partie essentielle de sa constitution. De là vient que l'esprit public ressentait pour le catholicisme, pour le papisme, comme on disait alors, une aversion, une haine, un effroi qu'on a peine à s'expliquer maintenant.

Cela supposé, il était conforme à toutes les traditions politiques et religieuses que l'Angleterre avisât à sauver son *Établissement* du danger qui le menaçait, fallût-il, pour éloigner un danger si grave, porter la main sur le principe de l'hérédité royale. La subordination de l'ordre politique à l'ordre spirituel le permettait, le commandait même, si besoin était.

L'Angleterre n'hésita donc point. Dès qu'il fut à craindre que le duc d'York n'héritât de Charles II, le bill du Test obligea le prince à opter entre le papisme et les droits qu'il pourrait éventuellement prétendre à la couronne. Il resta catholique, et néanmoins, à la mort de son frère, il réussit à occuper le trône, et ne cacha pas le dessein de rendre au catholicisme la liberté dont il avait été dépouillé. Il mit ainsi le comble à l'irritation générale. Le moment parut arrivé de lui résister par la force, en faisant appel à sa fille et à son gendre, Guillaume, stathouder de Hollande et chef politique du protestantisme en Europe. On profita de l'occasion pour obtenir en même temps le rétablissement des libertés politiques, lesquelles se confondaient d'ailleurs avec les libertés religieuses, à raison de l'union intime du spirituel et du temporel dans la constitution. Guillaume accepta « *de rétablir le droit et la religion sur les anciennes bases* ». C'est à ce titre qu'il fut accueilli et placé sur le trône.

Guillaume et Marie moururent sans enfants, et furent remplacés par Anne, seconde fille de Jacques II. Cette princesse n'ayant pas non plus d'enfants, il fallut bien aviser à sa succession. C'est alors que, pour maintenir le protestantisme sur le trône, les descendants catholiques de Jacques II furent frappés d'incapacité par un bill spécial, et leurs droits dévolus aux héritiers collatéraux qui ne seraient pas entachés de papisme.

En se conduisant ainsi, l'Angleterre faisait-elle acte de nouveauté?

Elle ne faisait qu'obéir à la règle tenue constamment chez tous les peuples, règle fondée sur ces deux principes également admis partout et de tout temps, savoir : que l'unité religieuse importe essentiellement à l'ordre et à la stabilité de l'État, et que la croyance religieuse emprunte de Dieu, qui en est regardé comme l'auteur, un caractère sacré qui la rend inviolable et qui l'impose au respect et à la soumission de tous.

Cette loi, l'Église catholique ne l'avait pas créée ; elle se l'était simplement appropriée, en tant qu'elle est l'unique religion vraie et divine. Mais qu'une nation se retirât de l'unité catholique, elle s'emparait pour son propre compte de cette loi universelle. Ainsi firent au XVIe siècle tous les États qui passèrent à l'hérésie. La liberté de conscience, telle qu'on la comprend de nos jours, n'était reçue nulle part. Tantôt c'étaient les peuples qui imposaient leur culte au prince appelé à les gouverner, et tantôt c'était le souverain qui obligeait ses peuples à se conformer à sa confession, tant semblait indispensable l'unité religieuse, l'accord des croyances entre le souverain et les sujets.

L'Angleterre ne pouvait avoir d'autres pensées. En voyant le sceptre aux mains d'un catholique aussi décidé que le prince d'York, ses alarmes furent des plus vives. N'allait-elle pas être contrainte de retourner à ce Papisme qu'elle abhorrait à tel point? Plutôt que de courir un tel risque, elle devait arracher le trône à ce prince et à ses descendants catholiques.

Telle fut la révolution de 1688. Le droit des Stuarts à la couronne ne fut pas aboli; l'ordre de succession fut simplement modifié. La princesse Marie fut appelée au trône en place de son père et on lui adjoignit son mari, Guillaume de Hollande. Après eux le trône passa à Anne, seconde fille de Jacques II. Le droit des Stuarts ne s'éteignit pas même avec Anne ; il continua dans Georges de Hanovre, arrière-petit-fils de Charles Ier et en cette qualité, le plus proche héritier du trône, après les membres catholiques de la maison des Stuarts. Si bien que c'est le droit des Stuarts qui soutient la maison actuellement régnante de Hanovre-Brunswick.

Si les choses se sont passées ainsi chez nos voisins, quel esprit sérieux y trouvera une ressemblance réelle avec nos Révolutions ?

Premièrement, le courant d'idées qui a entraîné la France impliquait nécessairement l'abolition du droit dynastique dans la maison régnante des Bourbons. Les Bourbons ne pouvaient être laissés sur le trône, qu'à la condition d'y être, non en vertu d'un droit propre, celui qu'ils tenaient de leurs ancêtres, mais en vertu de la volonté nationale présentement exprimée, et à titre de mandataires révocables de la nation. Cette condition, Louis XVI s'y était soumis ; Louis Philippe l'accepta en 1830 ; Napoléon Ier et Napoléon III y souscrivirent également ; ce qui ne les a pas empêchés de tomber de leurs trônes , et d'entraîner dans leur chute les dynasties qu'ils prétendaient fonder. Notre Souveraineté nationale n'a jamais supporté de dynastie, et elle ne le peut sans se renier et sans cesser d'être.

Secondement, c'est accidentellement que la question politique se compliqua de la question religieuse en Angleterre. Mais dans notre France, l'une appelle l'autre nécessairement, et à vrai dire, la question est unique. L'ancien régime avait chez nous, comme chez tous les peuples, le droit divin pour base essentielle ; et tout droit divin est confié naturellement et principalement à la garde de l'autorité religieuse. C'est ce droit divin qu'a rejeté notre Révolution. Elle a donc du même coup rejeté l'autorité religieuse, en tant du moins que celle-ci prétendrait s'ingérer dans la chose publique et y ramener le droit de Dieu. L'on connaît assez les premiers déchaînements de la Révolution contre les institutions religieuses. Si elles ont pu renaître de leurs cendres, si une certaine tolérance leur est laissée, c'est à la condition expresse de ne pas intervenir dans le domaine civil ou politique ; et il ne tient pas à la Révolution que l'ostracisme ne soit poussé à ses dernières conséquences, par l'effacement complet des quelques lambeaux de l'ancien ordre de choses, qui demeurent encore comme des souvenirs perdus de la part faite autrefois à la religion dans les choses publiques. L'État doit être laïque, et comme tel, entièrement libre de toute religion positive quelconque.

Nous l'avouons sans peine, la Révolution de 1688 s'est faite, elle aussi, contre le pouvoir spirituel et pour l'empêcher de recouvrer les droits dont on l'avait dépouillé. L'Angleterre céda à la peur du fantôme de la domination papale. L'idée d'une autorité ecclésiastique qui fût indépendante et qui, le cas échéant, rappelât le devoir méconnu, voilà précisément ce que n'avaient pu supporter Henri VIII, Élisabeth, et l'aristocratie anglaise. Tel fut l'ennemi dont voulurent se défendre les auteurs de la Révolution, tous membres de cette aristocratie qui s'était gorgée des biens de l'Église. On s'était donné un clergé tout à fait complaisant, et dévoué lui-même aux intérêts terrestres ; il se composait de gens qui ne différaient guère des laïcs que par le nom et par certaines fonctions extérieures.

A ce point de vue, s'il existe entre l'Angleterre et la France une certaine conformité de vue, cette conformité n'empêche pas la différence radicale signalée ci-dessus. L'Angleterre a banni de son territoire l'autorité du Pape, d'une Église indépendante, cela est vrai. Mais elle n'a pas prétendu bannir jusqu'à l'autorité de Dieu et de son Christ, de la conscience, de la foi ; elle n'a pas ébranlé cette assise fondamentale de tout ordre social. Ses souverains ont pu garder leur fière devise : *Dieu et mon Droit;* ils ont continué de porter entre leurs titres celui de *Défenseur de la Foi*. Les évêques n'ont pas perdu leurs sièges à la chambre des Lords. Il y a une religion d'État, jouissant de privilèges fort étendus. Même sous ce rapport, l'Angleterre n'a point rompu avec la tradition ; elle a gardé fidèlement tout ce qui se conciliait avec sa séparation de Rome ; elle est restée chrétienne, même comme nation, et elle tient à rester telle.

L'opposition est manifeste, et il est inutile d'insister. L'Angleterre n'est point avec nous, pas plus que les États-Unis ; et le glorieux triumvirat que nous formons avec eux, disait-on, n'est qu'un rêve de notre imagination. Nous demeurons donc seuls avec notre souveraineté nationale au milieu des peuples modernes. Nos commotions ont pu renverser des trônes ; ils se sont relevés. Les vieilles constitutions ont perdu de leur solidité, cela est vrai ; mais elles sont encore debout, et elles résistent toujours. Nulle part il n'est passé en règle que la nation est la multitude, que c'est le plus grand nombre qui doit faire la loi, que les peuples ne sont liés envers leurs chefs par aucun engagement, qu'il n'y a pas pour la conscience de distinction réelle entre la souveraineté et les sujets. Non, il n'est pas de peuple moderne qui se soit retourné comme nous contre son passé, contre le passé politique et religieux de l'humanité, en proscrivant du droit public l'autorité suprême du Très-Haut. A nous, Français du XIXe siècle, mais à nous seuls, cette souveraineté nationale qui attribue pleine puissance au caprice du nombre, au mépris et en haine de toute tradition.

Eh bien, soit, nous dit-on. La tâche de notre Révolution n'est encore qu'ébauchée. Mais que la France tienne bon ; elle aura raison des résistances qui s'opposent à l'idée nouvelle. Cette idée est destinée à conquérir le monde ; l'avenir lui appartient. A défaut des modernes un peu lents à s'y rallier, voici les anciens qui se lèvent pour la soutenir de leur illustre patronage. Ne lui doivent-ils pas leurs héros, leurs vertus, les merveilles qu'ils ont enfantées ? L'humanité ne peut trouver de meilleurs maîtres dans la science de la vraie liberté, et nous aurons part à leur gloire, en lui aidant à secouer le joug de ses vieux préjugés.

CHAPITRE II

L'antiquité a-t-elle connu notre principe de la souveraineté nationale ?

Étrange manie de nous donner pour modèles, après dix-huit siècles de christianisme, des peuples païens; d'invoquer pour la nation française le patronage de villes chez lesquelles l'existence civile et politique constituait un privilège pour une minorité des plus jalouses.

Ni Athènes, ni Sparte, ni Rome n'ont conçu comme nous la vie politique.

Athènes a varié plusieurs fois la forme de son gouvernement; mais ces changements ne furent que l'évolution progressive et, pour ainsi dire, spontanée du principe républicain de sa constitution native.

La législation donnée à Sparte par Lycurgue régularisa simplement un état de choses en possession depuis des siècles, et elle dura autant que la petite république, jusqu'à la conquête romaine.

Rome a connu successivement la royauté, la république et l'empire; trois formes diverses d'une constitution qui, en droit, est restée toujours la même dans son fond. Le règne de la tradition n'a eu nulle part une telle fermeté, une telle grandeur; il a survécu à toutes les vicissitudes de Rome, même à la chute de sa domination.

Enfin, surtout, les institutions religieuses n'ont jamais cessé chez les peuples anciens, de s'imposer au respect de tous, de faire corps avec l'État et d'y tenir le premier rang.

Conclusion : Les anciens encore plus éloignés que les modernes de notre idée de la souveraineté nationale.

N'est-il pas étrange que notre doctrine de la souveraineté nationale, qui se pique de progrès, se fasse patronner par l'antiquité? C'est une vérité nouvelle que l'on prétend proclamer, et en même temps on nous assure qu'elle a éclairé de sa lumière les siècles du paganisme. L'Évangile, qui devait illuminer le monde, n'aurait servi qu'à le couvrir de ténèbres? La vérité politique n'aurait brillé nulle part d'ún éclat plus pur qu'à

Athènes, à Sparte et à Rome. Nulle part, la dignité de l'homme et du citoyen n'aurait été mieux comprise et plus honorée, et assurément c'est un grand honneur à la France du XIXe siècle de marcher à la suite de ces républiques illustres et d'y attirer tous les peuples.

Voilà ce qui s'est dit et ce qui se répète encore tous les jours ; et c'est après dix-huit siècles de christianisme et à la France très chrétienne que l'on ose tenir ce langage.

Athènes, Sparte, Rome, ces seuls noms ne devraient-ils pas suffire à éveiller la défiance? Où était la vie politique pour les cités et les peuples qui avaient ces villes célèbres pour capitales? Athènes, Sparte, Rome absorbaient tout. C'étaient la république d'Athènes, la république de Sparte, la république ou l'empire de Rome. Il n'y avait pas d'autre ville ou peuple qui comptât parmi les villes et les peuples divers dont se composait leur domination.

Et si vous entrez dans l'enceinte de leurs murs, dans ces sanctuaires de la liberté, combien y trouverez-vous de citoyens, d'hommes libres, d'hommes ayant une existence légale, et distingués de l'animal et de la chose? Pas un tiers de leurs habitants. Rome devint une ville immense ; aux jours de sa plus grande étendue, alors qu'elle avait de deux à trois millions d'habitants, cent cinquante mille seulement étaient hommes libres, et sur ce nombre deux à trois mille étaient propriétaires.

Voilà ces anciens qu'on nous donne pour maîtres et pour modèles de vie civique ; ces anciens si ennemis de la liberté chez leurs semblables, si hautains vis-à-vis des peuples soumis à leur autorité, si durs pour la multitude de leurs esclaves !

Mais venons au fait : Athènes, Sparte, Rome ontelles connu notre idée de la souveraineté nationale?

. .

A la première vue, les Athéniens n'y seraient pas demeurés étrangers. D'abord gouvernés par des rois, ils ont préféré ensuite la république. Ils ont reçu de Dracon une première constitution, puis de Solon une seconde, qu'ils n'ont pas craint de modifier à diverses reprises, et chaque fois dans un sens plus démocratique. Ils ont vu une restauration temporaire de la monarchie sous Pisistrate et ses fils, et ils ont fini par s'en défaire comme d'une tyrannie odieuse... Ces faits ne démontrent-ils pas que ce peuple n'avait pas grand souci des liens par lesquels le passé pouvait gêner la liberté du présent?

Non, répondrai-je ; un peu de réflexion suffit à faire voir que ces changements n'atteignaient guère que la surface des choses, et que le fond restait à peu près intact.

Qu'étaient ces rois que l'on voit à l'origine, sinon les premiers magistrats d'un gouvernement républicain? La cessation de la royauté, après Codrus, fut à peine un événement, et le génie des historiens grecs n'a pu l'expliquer que par cette raison enfantine : Codrus s'étant voué à la mort pour sauver les Athéniens, ceux-ci, ravis d'admiration, auraient déclaré Jupiter seul digne de lui succéder, et ils n'auraient plus voulu d'autre roi que le maître des dieux.

Cela se passait en 1132. Le roi fut remplacé par un archonte à vie, choisi dans la famille de Codrus jusqu'en 750 ; c'était, sous un autre nom et pendant près de quatre cents ans, la continuation de la monarchie dans la même famille.

Vint ensuite l'archontat décennal, qui dura un siècle ; enfin l'archontat annuel, dont les fonctions furent réparties entre neuf magistrats, pris dans les principales familles, dites des Eupatrides.

Ainsi le gouvernement passait de la monarchie à l'aristocratie, mais graduellement et selon les tendances propres au tempérament politique de la cité.

Cependant des divisions intestines déchiraient l'État. Qu'étaient ces divisions ? Celles que l'on voit s'élever un peu partout entre les riches et les pauvres, entre les créanciers et les débiteurs. L'archonte Dracon, chargé de remédier au mal, dressa des règlements qu'on appellerait aujourd'hui de justice et de procédure ; ils furent jugés d'une sévérité excessive et rejetés aussitôt que formulés.

Solon, descendant de Codrus et archonte aussi, reçut la même mission, et s'il fut plus heureux, c'est qu'il sut mieux tenir compte des éléments à combiner, ainsi que des traditions et du caractère des Athéniens. Sa législation, ou, si l'on tient au mot, sa constitution demeura, sauf des modifications conformes aux principes qui l'avaient inspirée, ceux-là mêmes qui *constituaient* la petite république, qui formaient sa constitution native. Cette constitution, Solon l'avait simplement codifiée.

Il est vrai qu'en substituant à la coutume la formule écrite, il éveillait l'examen, la discussion, la critique, le désir du changement chez un peuple naturellement léger, mobile, curieux et raisonneur. C'est ce qui accéléra le développement, désormais rapide, du défaut inhérent à toute république, la pente à la démocratie pure, et, par la démocratie, à la démagogie.

Mais cette décadence s'effectua peu à peu, naturellement, régulièrement en quelque sorte, sans qu'il fût besoin d'ériger en système, que la tradition ne fonde aucun droit qui commande le respect.

Mais, objecte-t-on, Pisistrate et avec lui le peuple athénien n'ont-ils pas rompu la chaîne des traditions républicaines, puisque, aussitôt après l'acceptation des lois de Solon, cet homme releva la royauté, la garda pendant trente ans et la transmit à ses enfants, qui n'en furent dépouillés qu'après quatorze autres années ?

Non, répondrai-je encore. Pisistrate ne fut qu'un ambitieux habile, qui sut capter la faveur populaire, en soutenant les petits contre les grands, et s'emparer ainsi du pouvoir suprême. Il avait pour lui la multitude. Solon venait en effet de terminer sa législation, et les grands ne s'y soumettaient qu'avec peine. Loin d'y toucher, Pisistrate la maintint et la fit observer.

Si ses fils lui succédèrent, ce ne fut point à titre héréditaire; mais c'est que, disposant des mêmes ressources que leur père et continuant sa politique, ils se firent agréer de la multitude, jusqu'au jour où, abusant de la puissance, ils causèrent eux-mêmes leur déchéance.

La royauté de Pisistrate et de ses fils ne fut donc en réalité qu'un accident, dû à des circonstances passagères de temps et de personnes, et destiné à disparaître avec elles.

Athènes n'avait eu aucunement la pensée de subir ou de permettre un changement sérieux dans ses mœurs politiques, et il y a immensément loin de ces vicissitudes de forme à nos révolutions de 1789 et de 1830, dans lesquelles un ordre de choses consacré par une possession incontestée de près de mille ans est tout d'un coup remplacé par un autre qui en est la contradiction complète et déclarée.

Conclusion : bien qu'Athènes eût plus de finesse d'esprit que de sagesse politique, elle eut cependant le bon sens de rester fidèle à ses traditions et à sa complexion naturelle, si ce n'est qu'exagérant le côté défectueux de son caractère, elle confinait de près à la démagogie, quand elle tomba sous le joug de Philippe de Macédoine.

C'est plus gratuitement encore que l'on s'imagine retrouver à Sparte et à Rome notre principe de la souveraineté nationale.

Lycurgue, qui parut, croit-on, au IXe siècle avant notre ère, et qui donna à Sparte un corps de lois, n'eut pas plus que Solon l'idée de constituer *a priori*. Il se borna à régulariser et à compléter un ordre de choses remontant déjà à plusieurs siècles.

Il maintint l'hérédité royale dans les deux familles qui occupaient conjointement le trône. Il maintint également la distinction des Spartiates, des Lacédémoniens et des ilotes, réservant aux premiers, qui ne dépassaient pas le chiffre de neuf mille, tous les droits politiques dont ils étaient d'ailleurs en possession. Les Spartiates avaient conquis le pays et continué de former une caste éminemment guerrière. Lycurgue leur conserva ce caractère et s'appliqua presque uniquement à perfectionner le côté militaire du petit État. Ce n'était pas une monarchie pure : un sénat et les assemblées générales convoquées et présidées par les rois tempéraient le pouvoir de ceux-ci, qui étaient plutôt comme deux consuls à vie, gouvernant une république.

Cette organisation dura jusqu'à la conquête romaine, sans autre modification que l'addition des éphores, au nombre de cinq, dont la fonction rappelle assez celle des censeurs et des tribuns de Rome.

A voir cette permanence des mêmes formes gouvernementales, au travers des vicissitudes extérieures par lesquelles passa la fortune de Sparte, qui n'admirera la fidélité de la petite république à ses vieilles institutions, au lieu de songer à chercher chez elle quelque ombre de notre souveraineté nationale ?

Rome a fourni une carrière plus longue et elle a passé par des états variés : la royauté, la république, l'empire. Mais, à la différence des nôtres, ces variations sont espacées sur une durée de plus de mille ans, et chacune de ces formes a subsisté un temps notable : la royauté pendant deux siècles et demi, la république pendant cinq, et l'empire pendant plus de quatre cents ans.

Alors même qu'on verrait dans ces divers régimes l'expression d'idées politiques entièrement nouvelles, il ne serait pas nécessaire de les attribuer à ce principe qui, en moins d'un siècle, nous a jetés jusqu'à dix fois dans des états différents, nous faisant sauter de l'un à l'autre, aussi brusquement et aussi capricieusement que le vent tourne la girouette. Le temps, qui change et renouvelle les choses les plus fermes, suffirait à rendre raison de transformations faites à des intervalles si éloignés, et ménagées d'ailleurs par des transitions plus ou moins longues.

La royauté, il est vrai, semble avoir cédé brusquement la place à la république. Mais ce changement rompit-il vraiment le fil de la tradition romaine? La royauté n'était point héréditaire ; il n'y avait pas de droit dynastique; même sous les rois, Rome était une république véritable, gouvernée principalement et constituée foncièrement par le sénat et les familles patriciennes, secondairement par les assemblées des plébéiens. Ce furent les patriciens et le sénat qui renversèrent les rois et s'approprièrent le consulat, destiné à remplacer la royauté. Le sénat avait pour lui l'hérédité et par conséquent la tradition; c'est donc la tradition qui affermit sa possession. La victoire des patriciens n'a fait qu'accentuer l'élément constitutif de l'organisation romaine, en la débarrassant d'une entrave et d'une complication, la royauté. D'où il suit que le passage de la royauté à la république, comme on dit dans l'école, ne doit pas être appelé une révolution, dans le sens d'un atteinte grave à la constitution romaine.

Quant au passage de la république à l'empire, alors même qu'il serait une révolution au sens que nous venons de dire, on ne pourrait pas y voir une manifestation de notre idée de la souveraineté nationale. Il faudrait pour cela que Rome eût adopté ce changement d'elle-même, spontanément, et en conséquence de principes nouveaux introduits dans sa doctrine politique : ce qui n'est point. Rome a subi l'établissement du nouveau régime; il lui a été imposé par la force; elle a lutté avec énergie contre le courant, et si de fait le pouvoir souverain a fini par échapper aux mains de son sénat et de son peuple, leur droit à ce pouvoir est resté immuable en principe, comme une tradition indestructible, au travers des violents assauts qu'il a eu à soutenir.

Non, la vieille constitution romaine n'a pas succombé en droit sous le poids de l'omnipotence impériale, qui broyait et détruisait tout. Elle a continué de subsister comme puissance morale, commandant le respect aux empereurs, et les obligeant à tenir d'elle, sinon la réalité, du moins les noms, les insignes des dignités républicaines, et par là l'investiture et la consécration de leur autorité.

Qu'était la puissance impériale, sinon l'assemblage du consulat, du tribunat, de la censure, du souverain pontificat, de la dictature, lesquels, réunis en faisceau, composaient cette puissance, lui fournissaient les titres qui la légitimaient ?

Et l'empire lui-même, qu'était-il autre chose que la souveraineté de Rome sur le monde conquis par elle, *imperium mundi*, souveraineté exercée à titre de délégation par son empereur, *imperator ?* Rome ne faisait pas, ou elle n'était pas censée faire partie du domaine soumis à l'empereur. Elle restait en droit la maîtresse du monde, la Ville par excellence, la seule qui pût s'appeler de ce nom, tout le reste se confondant sous la dénomination générale de monde : *Urbs et Orbis.*

La tradition romaine se soutenait donc quand même, avec ses idées et ses maximes les plus anciennes. Bien plus, c'est elle qui portait tout par la force invincible des souvenirs et des usages qu'ils consacraient. Le sénat et le peuple continuaient de s'assembler et de délibérer; leurs noms restaient inscrits sur les enseignes des légions et en tête des actes publics ; la république était comme le fondement, l'âme et la forme qui maintenait le droit et la vie dans le corps de l'édifice impérial.

Rien peut-être, dans l'histoire politique des peuples, de plus étonnant que cette persistance des idées, des principes, des droits et des institutions de la république romaine, en dépit de tout ce qui devait les faire disparaître. La population de Rome s'était dispersée dans tout l'univers; elle s'était plusieurs fois renouvelée par l'affluence des étrangers de tout pays. Toutes les inventions et les aberrations de l'esprit humain s'étaient donné rendez-vous dans son sein, avec les mœurs et les coutumes de tous les peuples. Et pourtant, au lieu de se dissoudre comme tout le reste dans cette confusion universelle, la tradition politique demeurait toujours vivante, la Ville éternelle, Rome, lui communiquant sa merveilleuse durée, son indestructible force.

Et ce prodige de l'histoire ne finit pas avec l'empire d'Occident. Une nouvelle Rome avait été fondée sur les rives du Bosphore, et là, sur ce sol étranger, à travers des causes incessantes de ruine, le droit romain se perpétua et perpétua avec lui cette ombre de la puissance romaine, le Bas-Empire, jusqu'au seuil des temps modernes, pendant plus de mille ans ; et il ne fallut rien moins que le torrent impétueux des Turcs Ottomans pour lui donner fin.

Pour l'Occident, bien qu'elles fussent dépouillées de tout appui matériel, après la conquête barbare, les traditions romaines résistèrent avec succès; elles restèrent en possession de représenter et de faire le droit, obligeant les conquérants qui n'avaient jamais connu que la loi du plus fort, à composer avec elles, à se couvrir de leur ombre, à respecter les débris qui portaient l'empreinte de Rome et se réclamaient de son mom. Elles entrèrent comme partie importante et souvent comme partie principale dans l'organisation des sociétés nouvelles. Elles servirent de base aux revendications des Pontifes romains, devenus les chefs de la république romaine, contre les Lombards. Elles préparèrent les voies à l'établissement du pouvoir temporel du Saint-Siège et à la création du Saint-Empire romain. Elles furent enfin, entre les moyens humains ménagés par la Providence, le plus utile au développement de l'autorité pontificale sur l'Église et sur les sociétés politiques. Traditions toujours si vivaces jusqu'à la fin du moyen-âge, que les ennemis du Saint-Siège, les empereurs d'Allemagne, les Arnaud de Bresce, les Rienzi, etc., tentèrent plus d'une fois de s'en emparer et de les faire servir à leurs rêves de domination universelle.

Quelle conclusion tirer de cet exposé, sinon qu'il ne saurait être opposition plus grande qu'entre l'esprit des Romains et le nôtre?

Pour eux le droit est immuable ; il persiste envers et contre tout; et ce qui fait le droit, c'est ce que le passé a tenu et pratiqué, c'est la tradition : *nihil innovetur, præter id quod traditum est.*

Il est vrai, la source d'où procède notre droit, est aussi la même toujours ; c'est la nation, laquelle se perpétue sans interruption et garde son identité au sein des vicissitudes qu'elle traverse. Mais notre droit a pour origine prochaine, pour cause formelle, la volonté de la nation, volonté essentiellement changeante, à en juger par les majorités dans lesquelles elle s'exprime, volonté aussi changeante que les flots de la mer sous le souffle des vents. Le jour présent a la même omnipotence que la veille, et cette omnipotence ne connaît pas légalement de limite.

Sic volo, sic jubeo, sit pro ratione voluntas.

Ajoutez à cela que notre volonté nationale est ainsi faite qu'elle a une particulière aversion pour le passé de la France; et, à dire vrai, elle a pris naissance et elle existe principalement pour le combattre, pour le détruire, pour en empêcher le retour.

En un mot, si la tradition n'a jamais eu nulle part autant d'autorité qu'à Rome, la tradition n'a jamais été contredite et foulée aux pieds nulle part comme elle l'a été chez nous depuis un siècle.

Rome, Athènes et Sparte sont les républiques les plus fameuses de l'antiquité, et elles sont aussi les seules dont on ait sollicité le suffrage en faveur de nos mœurs politiques. Nous nous croyons dispensés nous-mêmes de consulter d'autres peuples de l'ancien monde.

Mais il est un côté de notre parallèle auquel nous n'avons pas touché, imitant en cela nos docteurs en politique, qui se gardent bien de le signaler à l'attention. C'est le côté religieux. Et pourtant, impossible d'en faire abstraction. Notre Révolution et notre Souveraineté nationale elle-même se rapportent à l'ordre religieux autant et plus qu'à l'ordre purement politique, à raison du divorce qu'elles ont surtout à cœur d'effectuer entre ces deux ordres.

Or, quelle qu'ait été la vie politique chez les anciens, jamais ils n'ont eu le soupçon qu'elle dût s'isoler des croyances religieuses et se défendre de leurs empiétements. L'union du spirituel et du temporel a été aussi étroite qu'il est possible de la concevoir. C'est la religion qui présidait à tous les actes de la vie publique comme à ceux de la vie privée. Elle s'était profondément altérée sous l'influence des passions humaines. Ces passions avaient fait d'elle une école de mensonges, de superstitions et de vices, où le ridicule et l'absurde le disputaient à l'infâme et à l'atroce. Malgré cela, le respect de l'antiquité la maintint en possession de toutes ses prérogatives : et ce fut là, par contre, le principal obstacle que rencontra le Christianisme dans son établissement. La nouveauté apparente du culte chrétien et cette universalité qui l'empêchait d'être le culte propre d'aucun peuple, contredisaient toutes les idées reçues. Il existait entre la Religion et l'État une solidarité telle, que l'État se crut attaqué lui-même par les chrétiens, et il jugea que son devoir le plus sacré, comme son intérêt le plus cher, lui commandait de les traiter en ennemis publics de la pire espèce.

Ces faits sont trop connus de tous pour avoir besoin d'être mis davantage en lumière. Or, à eux seuls ils suffiraient pour mettre à néant toute tentative de rapprochement sérieux entre l'esprit de l'antiquité et notre esprit moderne. D'un côté, le respect et les égards pour l'héritage du passé, alors même que l'on y porte atteinte ; de l'autre, le mépris et la haine de rebelles déclarés.

Il faut donc renoncer à mettre nos idées sous le patronage des anciens ; moins encore que les peuples modernes, nos contemporains, ils n'ont compris comme nous la chose publique. Il y a sans doute entre eux et nous des analogies, des noms communs, des institutions semblables, sénat, république, empire, élections, plébiscites... L'élément démocratique a prévalu chez nous, comme à Athènes, comme à Rome à la fin de la république. Mais les choses diffèrent totalement par le fond, par les idées qui les animent et les mettent en mouvement. La conformité reste à la superficie, elle se réduit à des apparences extérieures qui ne peuvent en imposer qu'à des esprits prévenus ou troublés.

Mais tel est précisément notre cas ; les simples apparences nous séduisent et nous fascinent à ce point d'avoir donné crédit près de plusieurs à des assimilations plus étonnantes encore, celles qui font le sujet de notre suivant chapitre.

CHAPITRE III

Notre principe de la souveraineté nationale a-t-il eu quelque part dans nos changements dynastiques du VIIIe et du Xe siècle.

Efforts de certains catholiques pour établir une similitude entre notre XIXe siècle et les VIIIe et Xe siècles de notre histoire.

L'inanité de ces efforts sur le terrain des rapports de l'Église et de l'Etat.

Au point de vue purement politique, l'assimilation n'est pas mieux fondée :

Au VIIIe siècle, il fallait des mains capables de refouler au midi les Sarrasins, à l'est les Germains et les Slaves. Il fallait en outre, comme moyen, arracher les Francs à la mollesse des mœurs gallo-romaines, et les rendre à leurs traditions nationales. Les Mérovingiens n'avaient plus rien de ce que réclamait la première tâche, et pour la seconde ils étaient eux-mêmes le grand obstacle à écarter. Heureusement, les nécessités de l'époque avaient suscité une famille de princes qui put faire face à tout. Portés au pouvoir suprême par la force des choses, les Carlovingiens ne firent que restaurer la nationalité franque et raffermir sa domination sur l'Occident. Leur avènement fut une victoire, plutôt qu'une défaite, pour la tradition nationale.

Au Xe siècle, même question et même solution. Décomposition de l'empire carlovingien, et commencement des nations modernes, spécialement de la France, sous l'action irrésistible de la féodalité. Robert le Fort et ses descendants, ducs de l'Ile-de-France et comtes de Paris, sont placés par le cours des événements à la tête de la France féodale. La situation des Carlovingiens dans le système féodal devient de jour en jour plus impossible. Avènement définitif des ducs de France dans la personne de Hugues Capet, et caractère de son élection. Concours de l'hérédité, de l'élection et du sacre dans l'institution des rois. Différences essentielles entre l'avènement de Hugues Capet et celui de nos divers gouvernements depuis 1789.

Conclusion de la première question, et transition à la seconde ; après la comparaison des faits, la comparaison des idées.

Il n'est pas rare d'entendre des hommes dévoués à la défense de la religion et de ses droits, des ecclésiastiques même, invoquer à l'appui de notre politique moderne le suffrage des siècles où la foi chrétienne a exercé son plus grand empire. Ils font appel à nos annales, et ils tiennent à se persuader que le principe de la souveraineté nationale, tel qu'il s'entend maintenant, était connu de nos ancêtres, qu'il n'a point été étranger notamment aux révolutions (c'est le terme consacré) qui ont fait passer la couronne des Mérovingiens aux Carlovingiens, et, deux siècles plus tard, des Carlovingiens aux Capétiens.

Ne voit-on pas à cette époque, disent-ils, des rois, des empereurs déposés par la nation assemblée; des familles même dépossédées du droit à la couronne, et ce droit transféré, toujours par le vœu de la nation, à des familles nouvelles? La royauté était donc pour lors élective. La souveraineté procédait donc de la nation, et à titre révocable. Nos pères s'attribuaient donc le pouvoir de donner et de retirer leur obéissance, selon qu'il leur plaisait, au moins selon qu'ils le jugeaient bon. Et l'Église, alors toute puissante en fait comme en droit, non seulement laissait faire ; elle donnait un concours décisif. Pourquoi n'approuverait-elle pas maintenant ce qu'elle approuvait dans ce temps-là? Pourquoi, d'autre part, la nation repousserait-elle aujourd'hui cette alliance qui lui fut autrefois si chère? De là, s'érigeant en médiateurs, nos chrétiens démocrates emploient tout leur zèle à procurer la conciliation, la bonne intelligence et la paix entre la religion et l'état moderne.

Vains efforts : ni l'Église, ni l'État ne se prêtent au rétablissement de la concorde. Ne serait-ce pas qu'il est intervenu dans l'un ou dans l'autre un changement qui rende toute conciliation impossible? Ce n'est pas l'Église qui a changé ; la tradition est sa loi nécessaire ; et précisément, ce qu'on lui reproche, ce qu'on ne peut lui pardonner, c'est de ne pas marcher avec les siècles et de rester toujours la même. Pour l'État, il n'en est pas ainsi : il s'est transformé, et il s'en vante hautement; il s'appelle avec orgueil l'État *moderne*. Et quel est le nom dont il décore sa transformation? Il l'appelle la *Révolution*, du terme le plus fort, comme pour signifier que dans sa transformation l'État se propose avant tout de rompre avec ce qui est ancien, et de s'en débarrasser aussi complètement qu'il est possible.

Et dans l'ordre ancien à renverser, quel est le point particulièrement attaqué par l'État moderne? C'est l'Église, c'est l'autorité religieuse; c'est le pouvoir qu'elle s'attribue sur les choses civiles et politiques; c'est le droit de Dieu sur la société; toutes choses qui servaient de fondement au passé.

Pourquoi l'Église se mêlait-elle autrefois aux événements politiques? Pourquoi les peuples l'invitaient-ils à y prendre une part des plus grandes? C'est que ces événements n'étaient point dirigés contre elle; c'est qu'on n'avait pas même la pensée de rien faire de considérable sans sa participation, de peur de blesser les croyances et les lois dont Dieu lui a donné la garde.

Et quel souci prend-on maintenant de ce dépôt sacré de l'Église? Non seulement on affecte de n'en tenir aucun compte dans la conduite des affaires politiques. L'on fait bien davantage, et s'il est un but qu'on s'y propose par-dessus tout, c'est celui de proscrire le pouvoir religieux de la sphère des choses civiles.

L'opposition de notre esprit moderne et de celui de nos pères a donc, sour le rapport religieux, le caractère d'un véritable antagonisme, et cet antagonisme est tel qu'il ne peut finir que par la retraite ou la mort de l'un des combattants.

De ce point de vue général, il faut descendre aux deux événements particuliers qui ont donné lieu au rapprochement.

L'on sait combien avaient dégénéré les descendants de Clovis dès la première moitié du VIIe siècle. Ils avaient laissé passer le pouvoir aux mains des maires du palais, entre lesquels ceux d'Austrasie arrivèrent promptement à se rendre indépendants et à se transmettre héréditairement leur dignité dans la famille de Pépin de Landen, sous le nom de ducs d'Austrasie.

C'était le temps où la domination franque, et en elle la civilisation chrétienne, avec les nations modernes qu'elle portait en germe, courait d'extrêmes dangers. Pendant que des divisions intestines usaient ses forces, des ennemis formidables la menaçaient au sud, à l'est et au nord. Les Arabes débordaient de l'Espagne et couvraient de leurs hordes les bassins de la Garonne et du Rhône. Les tribus germaines secouaient incessamment le joug et battaient sans relâche la frontière du Rhin. Il était besoin, dans de telles circonstances, que le pouvoir souverain fût exercé avec une vigueur et une constance tout extraordinaires.

Or, il se trouva qu'à défaut des Mérovingiens impuissants, les héritiers de Pépin de Landen furent en état de répondre aux nécessités de la situation. Non seulement ils sauvèrent la nation franque ; ils ajoutèrent à son empire une solidité, une étendue, un éclat qu'il n'avait pas connu encore. Du même coup ils sauvèrent la civilisation chrétienne dans le monde par l'appui qu'ils prêtèrent à l'Église; et tout cela sans que les Mérovingiens eussent seulement remué le pied ou la main pour aider à ce grand ouvrage.

Ainsi, d'une part, les descendants de Clovis, entièrement disparus de la scène, allaient s'éteignant dans l'inaction, l'obscurité, la honte, sans donner l'espoir d'un relèvement sérieux. Ils faisaient entièrement défaut aux exigences de la souveraineté, d'un pouvoir essentiellement agissant, et qui devait l'être extraordinairement dans ce temps-là... Et, d'autre part, les Carlovingiens remplissaient à souhait les obligations de la dignité suprême ; leur puissance et leur activité avaient grandi en proportion des besoins ; ils attiraient à eux les regards et les espérances, en même temps que le respect et l'obéissance de tous.

En se prolongeant, en s'accentuant toujours davantage, cet état de choses ne créait-il pas un contraste choquant pour les peuples, une anomalie, une contradiction qui tournait à l'absurde? Était-il possible que le nom et les honneurs de la royauté continuassent là où la chose et le mérite avaient cessé tout à fait, depuis longtemps, et, semblait-il, pour toujours; qu'ils n'allassent pas là où la royauté vivait véritablement et se montrait pleine d'avenir? Les Mérovingiens n'existaient plus comme *dynastie*, à entendre ce mot dans son vrai sens, celui de maison puissante et en état de commander. Une autre dynastie, vraiment digne de ce nom, les avait remplacés, sans qu'on puisse dire qu'elle les eût supplantés, ces princes s'étant laissé annihiler, et ayant, pour ainsi dire, cédé la place aux nouveaux venus.

Dans ces conditions, qui se permettra de qualifier d'usurpateurs les descendants de Pépin de Landen? Qui voudra soutenir que la nation a arbitrairement et injustement ôté la couronne aux Mérovingiens pour la mettre sur le front de Pépin le Bref? Le droit ne suit-il pas le devoir? Et là où finit totalement la possibilité de remplir le devoir, le droit à ce qui n'existe que pour lui, le droit au pouvoir, ne doit-il pas naturellement finir? Une société ne subsiste qu'autant qu'elle possède à sa tête une souveraineté effective. Cette souveraineté vient-elle à cesser dans une famille, il est nécessaire qu'elle passe graduellement dans une autre, en sorte qu'à mesure que l'une s'affaiblit et baisse, l'autre monte et grandisse. Ce que la nécessité demande, les événements l'accomplissent, comme spontanément, à moins que la nation soumise à cette épreuve ne soit plus capable elle-même de vie sociale par l'obéissance à un pouvoir vraiment souverain. *Salus populi suprema lex;* telle est la loi qui a porté les Carlovingiens sur le trône à la place des Mérovingiens.

On le voit, nous sommes loin d'une souveraineté nationale au nom de laquelle la nation, faisant divorce avec une dynastie en pleine possession, lui enlève le pouvoir suprême, pour le déléguer, à titre de mandat précaire, au premier venu. Au VIIIe siècle, ce n'est pas tant la nation qui se retire de l'obéissance à ses anciens maîtres; ce sont eux qui avaient cessé de lui commander et de la régir. Elle ne choisit pas ses chefs entre plusieurs, ni sans être déterminée dans son choix par aucun droit acquis. Les Carlovingiens étaient en possession du trône longtemps avant de s'y asseoir. Ils sont nouveaux par opposition à ceux qu'ils remplacent; mais comme cela seulement; car par tout autre endroit, et notamment comme maîtres du royaume, ils étaient déjà anciens de près d'un siècle. Ils avaient une tradition, une tradition pleine de vie et solidement enracinée, tandis que la tradition mérovingienne se mourait d'inanition.

Au reste, il y avait entre les Mérovingiens et les Carlovingiens plus qu'une rivalité de famille. Il y avait l'antagonisme de deux races, de deux nationalités, de deux civilisations : antagonisme profond qui ne pouvait se terminer que par l'absorption de l'une par l'autre.

En d'autres termes, la nation franque n'avait pas seulement à se défendre au dehors, contre les tribus germaines spécialement. Elle avait à se défendre au dedans contre un ennemi non moins dangereux : les populations conquises, leur esprit et leurs mœurs, tout cet ensemble compris sous le nom de civilisation gallo-romaine.

Cette civilisation n'avait pu se résigner à périr sous le flot de l'invasion barbare; elle avait résisté avec succès; bien plus elle avait tenté de subjuguer ses vainqueurs, en les gagnant à ses mœurs, à ses institutions, à son esprit.

Or, entre les Francs, ceux-là s'étaient laissés promptement séduire aux attraits de l'ennemi, qui avaient fixé leur demeure au milieu des peuples vaincus. Mêlés et comme confondus avec l'ancienne population, possesseurs paisibles des terres et des richesses de la Gaule centrale, plus éloignés du théâtre des luttes toujours renaissantes, qu'il fallait soutenir contre les tribus de la Germanie, les Francs Neustriens avaient beaucoup perdu des mœurs guerrières et libres des premiers compagnons de Clovis, et la royauté avait pris chez eux des allures qui rappelaient en beaucoup de choses le césarisme romain.

La nationalité franque n'avait plus en Neustrie, au VIIe siècle, qu'une existence douteuse; en tout cas, elle était menacée d'une ruine certaine, sans l'énergique intervention de cette autre partie des Francs qui étaient restés dans le voisinage du Rhin, des Francs orientaux ou Austrasiens.

Ceux-ci, restés en contact et en guerre continuelle avec les rudes peuplades d'au delà du Rhin, n'avaient eu garde de s'amollir. Ils étaient aussi restés plus fidèles aux coutumes nationales. Ils voulaient bien d'un roi, mais d'un roi qui fût, comme autrefois, le *primus inter pares*, d'un roi qui avant tout les conduisît au combat, qui fût leur *duc*. Ils voulaient bien d'un gouvernement, mais d'un gouvernement qui admît les plaids, les délibérations faites en commun par le chef et ses principaux compagnons d'armes.

Il était résulté de là entre les Neustriens et les Austrasiens une opposition d'esprit et d'intérêts, cause de cette rivalité sanglante qui remplit les VIe et VIIe siècles de notre histoire.

La victoire, longtemps douteuse, s'était enfin décidée en 687, à Testry, en faveur de l'Austrasie. Les Francs orientaux firent comme une nouvelle conquête de la

Gaule; ils rendirent l'autorité aux mœurs et aux institutions propres de la nation franque. La royauté neustrienne, royauté bâtarde, qui n'était ni franchement romaine ni sincèrement franque, dut disparaître, et avec elle les Mérovingiens, en qui elle se personnifiait. Le pouvoir passa aux mains des vainqueurs, et notamment de leurs chefs. La victoire gagnée, il fallait la consolider et en poursuivre les conséquences. La tâche des ducs d'Austrasie n'était que commencée, et, pour s'achever, elle réclamait pour eux la stabilité et l'autorité suprême du trône.

C'est ainsi que les événements, par une suite naturelle, avaient porté ces princes au sommet de la puissance. Rien de plus légitime que leur avènement au trône. Ils formaient une maison nationale, à meilleur titre que les Mérovingiens. Serait-ce donc assez de la possession d'un trône ou d'un droit tiré de la naissance, pour conférer ce caractère à une famille? Ne faut-il pas en outre, au moins en espérance, une certaine communauté de sentiments et de mœurs avec la nation qu'elle doit régir? Cette condition manquait aux Mérovingiens depuis longtemps. Les Carlovingiens au contraire la possédaient pleinement. Entre eux et la nation franque il y avait homogénéité parfaite. Les destinées de la nation s'identifiaient avec celles de l'Austrasie, auxquelles ils présidaient depuis plus d'un siècle. En sorte qu'en les couronnant, plusieurs années après la bataille de Testry, la nation couronna ses vrais chefs, ceux qui l'avaient restaurée et rendue capable de sa grande mission. Leur intronisation n'inaugura point, à vrai dire, un ordre de choses nouveau; elle ne fut point une révolution proprement dite, elle ne fit plutôt que consacrer le retour des Francs à leurs origines et à leurs traditions les plus essentielles.

Ainsi s'accomplit la prétendue révolution du VIIIe siècle. L'exposé que nous en avons donné nous dispense évidemment d'insister; il n'est personne qui se refuse à voir à quelle distance les Francs du VIIIe siècle sont des Français du XIXe.

Reste la révolution du Xe siècle.

Aurait-il suffi de quelques années pour changer l'esprit politique du pays? Cela n'est pas possible, et dans le fait, il existe une frappante analogie entre les deux changements de dynastie.

C'était au fond la même question; la solution a été la même, et les mêmes principes l'ont dictée.

Cette ressemblance est telle que nous pourrions clore ici notre pérégrination déjà bien longue. L'on a cru néanmoins utile de la poursuivre, et de faire du Xe siècle une étude particulière, à raison de l'intérêt plus grand qui doit s'attacher pour nous à ce siècle et au changement dynastique qui s'y est accompli. N'est-ce pas à cette époque que la nation française a pris naissance? N'est-ce pas alors qu'a commencé aussi cette dynastie capétienne contre laquelle 89 a soulevé la France?

Dans quelle relation sont les origines de notre nation et celles des Capétiens? De la solution donnée à cette question dépend nécessairement le caractère à attribuer à notre révolution moderne. Car c'est l'ouvrage de nos ancêtres de cette époque que nous avons défait.

Eh bien soit, dit-on; cet ouvrage de nos ancêtres nous l'avons renversé. Mais pour le construire, nos pères avaient d'abord abattu eux-mêmes un vieil édifice dont ils ne voulaient plus. Nous n'avons fait qu'user du pouvoir qu'ils avaient exercé. Les Capétiens ont eu simplement le sort qu'ils avaient contribué à faire subir aux Carlovingiens, et la décision de l'Assemblée de Senlis qui couronna Hugues Capet, n'est pas plus légitime que celles qui ont porté au trône Napoléon Ier, Louis-Philippe, Napoléon III, que celle qui récemment a constitué notre nouvelle République [1].

Tel est le langage qui se tient tous les jours. Il faut demander à l'histoire s'il est juste de mettre l'avènement des Capétiens à la couronne sur le même pied que les changements politiques survenus en France dans le cours de ce siècle.

Transportez-vous d'abord au grand événement qui remplit le IXe siècle.

Les populations diverses qui composaient l'empire carlovingien ne devaient pas rester unies. Dès qu'elles ne sentirent plus la main de Charlemagne, elles commencèrent à se désagréger, et l'on vit poindre les premières nations modernes. Elles durent ce bien à la féodalité, qui fut en même temps le premier moule où

1. « ...Tout gouvernement régulièrement établi a le droit de se considérer comme légitime. La république actuelle possède, depuis le 25 février, cette légitimité qui dérive de la loi librement consentie par une Assemblée nationale que vous-même avez reconnue constituante. Il manque à ce gouvernement une autre légitimité, celle qu'on n'improvise pas, et qui ne peut naître que de la paisible et longue durée. S'il subit cette épreuve du temps, il aura tous les genres de légitimité. La monarchie française, que nous n'avons pu rétablir, avait mes préférences, parce qu'elle avait derrière elle des siècles de durée, quelques-uns pleins de gloire et de grandeur. Mais elle n'avait au commencement que la légitimité que pouvait lui conférer l'élection de Noyon (*sic*), si contraire à la légitimité alors acquise aux successeurs de Charlemagne. Elle acquit la seconde par ses services. »

Lettre de M. Callet, député de la Loire, à M. de la Rochette, 8 octobre 1875.

elles se formèrent : la féodalité, laquelle n'était au fond que la nécessité sentie par tous de se soustraire à la fluctuation et au mélange forcé des races, qui n'avaient cessé d'agiter l'Occident depuis l'époque des invasions. On voulait enfin se rattacher au sol, rester dans son lieu natal, et vivre selon ses mœurs et ses intérêts propres.

Quel fut, dans cette décomposition de leur empire, le sort des Carlovingiens?

L'Austrasie, qui avait été leur berceau, leur point d'appui et le centre de leur action, fut atteinte elle-même par la division et disparut. Réduits à prendre racine ailleurs et divisés eux-mêmes, ils ne réussirent à s'implanter nulle part. Ils s'éteignirent en Germanie avec le siècle qui avait vu l'apogée de Charlemagne; et si, de ce côté du Rhin, ils arrivèrent à la fin du siècle suivant, ils avaient perdu depuis longtemps ce qui fait le souverain, la puissance. Ils réprésentaient l'idée de la centralisation, la fusion des peuples, l'unité de domination, toutes choses dont on ne voulait plus. Il ne pouvait y avoir de sympathie entre ces princes et une transformation qui leur enlevait le magnifique patrimoine de leurs ancêtres. Il fallait d'ailleurs aux nations qui arrivaient à se faire jour, des chefs nouveaux, des chefs pris dans leur sein et animés des mêmes vues.

La vaincue de Testry, l'ancienne Neustrie, ne pouvait manquer cette occasion de former un État distinct. Elle obtint cet avantage; elle s'appropria dès lors le noble nom de France, pour ne plus le perdre, ni le porter en commun avec autrui. La nation française allait commencer, et il faut voir à qui elle dut de naître et de se constituer.

Pour peu qu'on réfléchisse à la position du bassin de la Seine et à celle de Paris au milieu de ce bassin, l'on est frappé des avantages exceptionnels que cette position leur fait dans la Gaule. Évidemment, Paris était prédestiné à servir de centre à toute puissance qui dominerait sur la Gaule. Constance Chlore, Julien, Clovis l'avaient compris; et sous les Mérovingiens Paris avait acquis et conservé l'importance d'une vraie capitale. Frappé lui-même du même coup qui avait abattu la Neustrie, il devait se relever avec elle et reprendre son rang.

Voilà bien la capitale future de la France. Mais où sont les chefs qui doivent avec Paris donner naissance à la nationalité nouvelle et présider à sa première formation?

La Gaule était alors en proie aux déprédations des Normands, et le carlovingien Charles le Chauve ne prenait guère souci de la défendre, occupé qu'il était de refaire à son profit l'empire de Charlemagne. Les pirates convoitaient principalement les richesses des pays qu'arrose la Seine. Paris, déjà trois fois livré par eux à un horrible pillage, n'était plus qu'une ruine. Ce fut alors que Charles le Chauve songea à confier la défense de cette province à un guerrier qui s'était signalé dans le Maine par ses victoires sur les Normands. C'était Robert, comte d'Anjou, à qui sa valeur et ses exploits avaient valu le surnom de *Fort*. Charles créa pour lui le comté de Paris et le duché de l'Ile-de-France, lui abandonnant le soin de pourvoir à la sûreté du pays. Robert ne faillit point à la tâche. La mort le prit les armes à la main, au sein d'une victoire nouvelle sur les barbares. Il avait mérité que son fils Eudes lui fût donné pour successeur comme comte de Paris et duc de France : c'était un premier pas vers l'hérédité.

L'hérédité des dignités et des bénéfices était, comme on sait, la question capitale du temps. L'accorder, c'était pour les Carlovingiens, prononcer leur déchéance et consacrer la féodalité. Mais Charles le Chauve, qui voulait avant tout être empereur et qui pour cela avait besoin des grands de son royaume, leur octroya, à la diète de Quiercy-sur-Oise, 877, ce qu'ils désiraient eux-mêmes le plus, la possession héréditaire de leurs charges.

C'en était fait. En même temps que la féodalité devenait le régime légal du royaume, l'union du comté de Paris et du duché de France avec la postérité de Robert le Fort était consommée. L'édifice national avait sa pierre angulaire. La maison de France était fondée.

La portée de ce fait ne tarda pas à se révéler. Les Normands n'avaient pas cessé de jeter un regard d'envie sur les riches contrées que baignent la Seine et ses affluents, principalement sur Paris, qui était tout ensemble l'entrepôt et la défense de ces contrées. Cruellement averti, Paris avait relevé ses murailles par les soins de Gozlin, abbé de Saint-Germain des Prés et son évêque, de Robert le Fort et de son fils Eudes. Les Normands résolurent de revenir à la charge, non plus seulement pour piller, mais pour faire une vraie conquête. Les circonstances paraissaient favorables : à la mort de Louis III et de Carloman, qui n'avaient fait que passer sur le trône, les grands du royaume avaient reconnu pour roi un Carlovingien de la branche allemande, Charles le Gros, prince sans énergie, qui d'ailleurs avait à protéger ses anciennes possessions contre d'autres ennemis, les Hongrois, les Sarrasins. Les barbares se croyaient sûrs d'emporter Paris avant qu'il pût être efficacement secouru. Eudes s'enferma dans la place avec Gozlin et Eble abbé de Saint-Denis et neveu de l'évêque (885). L'attaque fut vive, opiniâtre. Paris se défendit avec une admirable constance.

Maîtres de la campagne, les Normands pouvaient indéfiniment prolonger le siège, tandis que les Parisiens, étroitement bloqués dans l'île de la Cité, devaient à la longue épuiser leurs forces et leurs ressources. La famine, et, à sa suite, des maladies contagieuses se déclarèrent dans la place.

Gozlin succomba lui-même aux privations et aux fatigues. Témoin de la détresse croissante des siens, Eudes jugea nécessaire d'aller en personne implorer l'assistance de l'empereur et des seigneurs germains, laissant tout le poids de la défense à l'abbé Eble. Il rentra quelques mois après, apportant la joyeuse nouvelle d'un secours prochain. Charles le Gros n'arriva toutefois qu'au bout de plusieurs mois, et pour quoi faire? O honte! au lieu de fondre sur les païens, à la tête des guerriers nombreux qui l'avaient suivi, il négocia avec eux, et il n'en obtint la levée du siège qu'à la condition d'une énorme rançon, jointe à la permission de porter le fer et le feu dans ces provinces situées en amont de Paris, qu'ils convoitaient si ardemment.

A peine rentrés en Germanie, les seigneurs allemands s'empressèrent de déposer le lâche empereur. L'unité de l'empire fut définitivement rompue, et l'on commença à chercher en dehors de la famille de Charlemagne des chefs capables de soutenir avec honneur le fardeau royal (888).

Eudes et ses Parisiens avaient refusé d'accéder au marché conclu avec les barbares, et rien ne put les faire consentir au libre passage des barques normandes sous leurs murs; elles durent être transportées par terre. Et quand il s'agit, après la déposition de Charles le Gros, de se choisir un roi digne de ce nom, l'on comprend que les regards se soient portés sur le valeureux duc de France, préférablement à Charles le Posthume, l'unique rejeton des Carlovingiens de France, lequel d'ailleurs n'était pas encore âgé de dix ans.

Eudes accepta la couronne, et il prit pour chancelier le vaillant neveu de l'évêque Gozlin, Eble, abbé de Saint-Denis, de Saint-Germain des Prés et de Saint-Hilaire de Poitiers.

L'héroïque défense de Paris avait fait au loin l'admiration des peuples. Elle fut célébrée par les poètes et par les chroniqueurs du temps, et elle ne servit pas peu à retirer de l'oubli l'ancienne capitale des Mérovingiens. En mettant le sceptre aux mains du comte de Paris, la France neustrienne n'entendait pas seulement honorer le digne fils de Robert le Fort; elle voulait aussi sans doute couronner Paris et lui marquer sa reconnaissance pour l'exemple qu'il venait de donner. Les habitants des contrées que menaçaient les Normands vinrent en grand nombre se réfugier dans ses murs; et notamment des religieux, avec leurs trésors les plus chers, les saintes reliques qu'ils avaient à cœur de mettre en sûreté. Paris fut considéré comme une ville de refuge dans ces temps calamiteux, et grâce à ce beau renom, justifié d'ailleurs, sa population et ses richesses redevinrent bien vite ce qu'elles avaient été aux plus beaux jours de son ancienne prospérité.

Ainsi fut scellée l'union de Paris et de ses comtes. Ainsi s'affermit et s'annonça le centre autour duquel devaient se grouper les membres du corps national. La royauté y a déjà placé son siège, et il semblerait que c'est pour n'en plus sortir. Toutefois les choses ne marchaient pas alors aussi vite qu'à présent, et des conditions plus que suffisantes pour nous ne l'étaient point pour nos pères. Il ne fallut pas moins d'un siècle pour donner à ce commencement son caractère définitif.

La postérité de Charlemagne n'était pas éteinte, non plus que le souvenir des grandes et belles œuvres accomplies par les princes carlovingiens. Si l'élection n'avait jamais été complètement exclue de la succession, cependant l'hérédité y avait tenu constamment le premier rang. Ce principe réclamait en faveur des Carlovingiens; il réclamait surtout auprès des évêques, et notamment auprès de l'archevêque de Reims, dont l'autorité depuis saint Remy venait immédiatement après l'autorité royale. Deux partis se formèrent. Du côté des Carlovingiens étaient le passé, le droit héréditaire et les préférences marquées de l'Église, des populations de l'est et des chefs de la Germanie. De l'autre, la féodalité, la puissance matérielle, la sécurité du présent et de l'avenir, les vœux des peuples situés plus au centre et à l'ouest. La vieille querelle de l'Austrasie et de la Neustrie reparaissait, avec ce changement dans les rôles, que la Neustrie prenait sa revanche contre l'Austrasie et qu'elle faisait cause commune avec l'aristocratie contre la royauté austrasienne.

Chacun des deux partis avait le plus grand intérêt à rester ou à se rendre maître du siège de Reims; ce fut sur ce point que la lutte s'engagea le plus vivement. Les ducs de France eurent d'abord l'avantage; mais ils durent reculer devant l'intervention des évêques et des rois de Germanie, dont se réclamaient les Carlovingiens.

La possession de la couronne n'excitait pas au même degré l'ardeur des combattants. Dans les mains des Carlovingiens, la royauté n'avait pas de quoi alarmer, et les grands la leur abandonnaient sans peine. Eudes consentit à en partager les honneurs avec Charles le Simple, et, quand il mourut, il conseilla aux siens de reconnaître l'autorité de son rival. Après la mort de Robert Ier, Hugues le Grand, le faiseur de rois, céda le trône à son beau-père Raoul, duc de Bourgogne; il y rappela ensuite les Carlovingiens et les y soutint jusqu'à sa mort. Son fils Hugues Capet ne montra pas plus d'empressement pour la dignité royale, alors qu'il lui était si aisé de se l'attribuer. Les ducs de France s'étaient unis par les liens du sang aux Carlovingiens et aux Othon de Germanie, et la rivalité des deux familles semblait finie. Elle n'était qu'assoupie. La force des choses la maintenait, et pour être pacifique, elle n'en était que plus assurée d'arriver à son terme nécessaire.

La condition des Carlovingiens était étrange : dans un temps où l'autorité n'était respectée ni obéie qu'à la condition d'être unie à un domaine territorial d'une importance proportionnée, ces princes n'avaient pu conserver en leur possession qu'une seule ville, celle de Laon, laquelle d'ailleurs était trop excentrique et trop faible pour faire graviter autour d'elle le reste de la France. Celui qui devait commander à tous et les faire plier sous sa volonté, était précisément le moins fort, le plus dépendant, sans qu'il lui restât aucun moyen de reprendre ce que la nécessité lui avait arraché. C'était assez qu'il se fît tolérer; car sa présence rappelait aux seigneurs l'origine récente de leur souveraineté et les droits antérieurs de la royauté, comme une sorte de protestation contre le nouvel état de choses et le fondement possible d'une revendication des droits perdus. Aussi n'essaya-t-il jamais qu'à son détriment de gouverner en roi, et le malheur de Charles le Simple resta comme un avertissement pour ses successeurs. Ils eurent le nom de roi, mais la puissance qui fait le roi était ailleurs. Cette puissance était aux mains des seigneurs; elle était surtout dans celles des fils de Robert le Fort, dont les domaines comprenaient, outre le comté de Paris, ceux d'Orléans, du Gatinais, de Chartres, du Perche, du Mans, d'Angers, de Tours, de Blois, les duchés de France et de Bourgogne, sans compter plusieurs riches abbayes qui, pour être protégées, s'étaient mises sous leur dépendance.

Incapable de se défendre elle-même, la royauté carlovingienne pouvait moins encore réprimer les excès de tout genre auxquels donnait lieu l'établissement du régime féodal. Ce régime mettait la souveraineté aux mains d'un grand nombre de seigneurs, et par là même il ouvrit un libre champ à l'ambition, à la cupidité, aux vengeances personnelles, à des guerres continuelles qui rendaient l'ordre et la paix impossibles. Les plus faibles pouvaient être attaqués, opprimés, dépouillés impunément, et ils l'étaient en effet. Les campagnes, les églises avaient surtout à souffrir. Les évêques, les conciles protestaient; ils usaient des armes spirituelles, alors très redoutées. Mais leur puissance, non soutenue comme elle doit l'être par la force matérielle, n'était pas un remède suffisant. La féodalité tournait à l'anarchie, et par l'anarchie, si pareille situation se prolongeait indéfiniment, à l'entière destruction de ce qui devait servir à constituer l'unité nationale.

De tout cela résultait pour les Carlovingiens une situation des plus fausses, dont l'irrégularité s'accusait chaque jour davantage. Étrangers au pays par leur première origine, ils n'étaient point venus à bout de s'y enraciner. Leur action n'allait pas au-delà de la surface des choses, et leur royauté restait comme un hors-d'œuvre dans l'organisation nouvelle. Sans le grand nom de Charlemagne et le principe de l'hérédité qui les protégeaient quand même, la France les eût rejetés depuis longtemps, comme on rejette l'aliment que l'estomac ne peut s'assimiler. D'autant qu'elle pouvait si bien s'en passer, grâce à cette autre dynastie qui réunissait à merveille toutes les conditions désirables : elle était issue du pays; elle y avait jeté des racines profondes; elle faisait corps avec lui; elle en possédait le centre; elle avait déjà porté le sceptre ; elle avait rang parmi les maisons royales; enfin, elle était la tête de la féodalité française, et, à ce titre, la mieux faite pour inaugurer une royauté conforme aux besoins nouveaux, la royauté féodale.

Cette dynastie avait une seconde fois sauvé l'indépendance de la France. L'empereur Othon II, à la tête d'une armée formidable, avait poussé sa marche jusqu'à Paris, dont la prise devait amener la soumission du reste du royaume. Paris, défendu par Hugues Capet, soutint le choc des Allemands et donna aux milices nationales le temps de se rassembler et d'accourir. L'envahisseur dut se retirer avec honte et en essuyant de grandes pertes. C'est le roi carlovingien Lothaire qui par sa témérité avait attiré sur la France les armes du puissant ennemi, et si l'invasion fut heureusement repoussée, ce roi ne contribua en rien à ce glorieux succès.

Telle était la situation relative des deux maisons rivales. Or impossible de supposer que nos ancêtres n'en comprissent pas les inconvénients graves. Les esprits se disposèrent peu à peu à souhaiter l'avènement définitif des Capétiens; les évêques eux-mêmes, et à leur tête l'archevêque de Reims, en étaient arrivés à le désirer. Le vœu général n'attendait qu'une occasion pour se déclarer, lorsque Louis V mourut (987), ne laissant pour héritier qu'un oncle, Charles duc de la basse Lorraine.

Ce prince n'avait pas eu de part dans la succession paternelle, soit qu'il fût trop jeune à la mort de son père, soit plutôt que l'héritage royal fût jugé trop mince pour être partagé. Devenu grand, il avait mené une vie errante et obscure, à la recherche d'une position qui ne fût pas trop en désaccord avec son rang. Après s'être longtemps remué sans succès, il en était venu à se donner pour vassal à ce même Othon II, qui naguère avait fait courir un si grand danger à l'indépendance nationale; Charles avait accepté de l'empereur de Germanie le gouvernement de la basse Lorraine.

Tel était l'héritier le plus proche de Louis V. Dès qu'il connut la mort de son neveu, il accourut et revendiqua la succession. L'archevêque de Reims, Adalbéron, auquel il dut s'adresser d'abord, lui fit un accueil peu encourageant, et refusa d'appuyer sa demande devant les grands du royaume.

Ceux-ci s'étaient réunis une première fois à Noyon pour les obsèques du feu roi. Ils n'avaient rien décidé, Adalbéron les ayant invités à s'ajourner, afin de délibérer en plus grand nombre et avec plus de maturité.

L'Assemblée se tint à Senlis et fut présidée par Adalbéron, selon le droit attaché à son siège. Charles, ni aucun envoyé de sa part, ne s'y présenta pour défendre sa cause. L'archevêque proposa lui-même de déférer la couronne au duc de France. Le prince Charles étant écarté, il n'y avait pas, il ne pouvait y avoir d'autre candidat que l'héritier de Eudes, de Robert, de Raoul. Tous les membres de l'Assemblée se rangèrent à l'avis d'Adalbéron, et le prélat procéda aussitôt au sacre du nouveau roi.

La même année, du consentement de l'archevêque de Reims et des seigneurs, Hugues Capet associa son fils Robert à la royauté.

Charles de Lorraine protesta; il fit appel aux armes; mais follement, comme l'en avait averti Adalbéron. Il fut vaincu, fait prisonnier et enfermé à Orléans, où finit avec lui la branche française des Carlovingiens.

Ainsi s'acheva cette révolution du xe siècle, sans secousse, sans bouleversement, à tel point que son dénouement passa presque inaperçu dans le temps où elle s'accomplit.

Envisagée dans ses conséquences, cette révolution est peut-être la plus féconde en résultats dont l'histoire fasse mention. Sous la main des Capétiens, Paris et le duché de France devinrent comme le noyau de la France; noyau si ferme que dix siècles n'ont pu l'entamer, noyau doué d'une vertu telle, qu'il a attiré à lui toutes les provinces de l'ancienne Gaule, si diverses qu'elles fussent, et en a fait la nation la plus homogène qu'on ait vue depuis l'Empire romain.

Première dynastie nationale de la France, les Capétiens n'ont jamais cessé de l'être au plus haut degré. En vertu de la loi salique, et par une faveur singulière de la Providence, elle a pu, neuf siècles durant, défendre à l'étranger l'accès du trône, et procurer à la France cette gloire unique de n'avoir jamais connu d'autre maison royale que la maison de France, d'autres rois que les fils de France.

Voilà cette révolution qu'on a eu l'étrange idée d'assimiler à nos révolutions du XIXe siècle, et notamment à celle qui vient de nous rendre la République. Eh! oui, l'on a bien osé dire que la décision de notre assemblée de 1871 qui a fait la République, avait autant que l'élection de Senlis tout ce qu'il faut pour faire une vraie légitimité. Toute la différence de ces deux actes se réduit, ajoutait-on, à ceci, que celui de Senlis a reçu la confirmation du temps, tandis que le second en est encore à recevoir cette sanction qui consacre un droit, et le rend plus vénérable.

Mais raisonner ainsi, n'est-ce pas mutiler étrangement l'histoire? N'est-ce pas retrancher de l'avoir des Capétiens précisément ce qui faisait leur titre à la couronne? Titre, non tel quel, et que la conscience des électeurs fût en droit d'écarter; mais titre certain, évident, déjà séculaire, sans rival d'ailleurs, et conférant un droit qu'il s'agissait simplement d'acclamer pour s'y soumettre. L'acte de Senlis s'appuyait sur une tradition pleine de vie et d'autorité; il se bornait à la reconnaître et à la confirmer solennellement. Au lieu que l'acte qui a constitué notre République, de même que tous ceux qui depuis 89 sont à la base de nos gouvernements, ne repose sur aucune possession déjà acquise de vieille date et vise uniquement l'avenir. Ces actes se ressemblent, en ce qu'ils prétendent tirer d'eux-mêmes toute leur valeur, en vertu de ce principe que la volonté nationale ne connaît pas de condition qui puisse en aucun cas entraver l'usage de sa pleine souveraineté.

Vous appuyez sur le caractère électif de la couronne au xe siècle; mais avez-vous réfléchi au rôle fait à l'élection dans l'institution des rois? L'hérédité précédait en règle ordinaire, sinon toujours; elle avait le privilège de désigner le candidat; l'élection venait ensuite, se réduisant à accepter le candidat proposé, après vérification du titre qu'il tirait de sa naissance et des autres conditions jugées essentielles, telles que l'orthodoxie, l'âge, etc.

Déterminée dans le choix à faire, la volonté nationale s'obligeait de plus envers le prince élu et sa race. Le lien qu'elle acceptait du passé, elle ne craignait pas de le transmettre à l'avenir comme devant être perpétuel et inviolable, sauf toujours les réserves commandées par la nature de toute société et par la constitution propre de la France. C'est ainsi que l'élection, au lieu de rompre la chaîne de la tradition, la fortifiait et y ajoutait un nouvel anneau, à l'effet de lier les générations à naître.

Et encore, par qui se faisait alors l'élection? Comment s'exprimait la volonté nationale? Imaginait-on que la nation, pour être consultée, dût se faire représenter par d'autres que par ses chefs naturels? De qui se composa l'assemblée de Senlis? Uniquement des grands du royaume, ecclésiastiques et laïques, évêques, abbés, ducs, comtes, etc. Leur volonté fut réputée volonté de la nation. Et cependant ils n'avaient point été choisis ou députés par le reste des Français, en suite d'une élection spéciale, et d'un mandat *ad hoc*. Tout leur droit de représentants, ils le tenaient de la position et de l'autorité qui leur appartenait dans le corps de la nation.

Enfin, l'institution des rois n'était complète et définitive dans ces siècles du moyen-âge qu'autant qu'à l'hérédité et à l'élection s'ajoutait le sacre; le sacre, dans lequel Dieu donnait à l'élu, par la main de son ministre, l'investiture du pouvoir souverain. Telle était l'idée que l'on avait alors de l'origine du pouvoir suprême. On le faisait dériver directement de sa source première, de Dieu ; il se communiquait ensuite de haut en bas, et par partie, aux degrés inférieurs de la hiérarchie sociale.

Aussi prenait-on souci avant tout de consulter la volonté divine, et de faire un choix qu'elle daignât ratifier. De là, le concours de l'Église, ne fût-ce que pour déclarer que les droits de la justice, de la vérité et de la conscience étaient saufs.

Voilà autant de traits qui contredisent profondément notre pratique actuelle de la souveraineté nationale. Nos pères admettaient le droit divin; il nous fait horreur. Ils donnaient à l'Église une large part dans leurs délibérations; nous voulons, par-dessus tout, la séparation du spirituel et du temporel. La nation, c'était pour eux le corps social avec l'organisation qui lui est propre; c'est pour nous la multitude confuse des particuliers. Enfin la volonté nationale se rendait dépendante du passé, et cette dépendance, elle se croyait le pouvoir de l'imposer à l'avenir. C'est maintenant l'indépendance absolue et la proscription de tout lien qui oblige la conscience.

Que faut-il de plus pour effacer jusqu'au moindre vestige des analogies imaginées entre la politique de nos pères et notre souveraineté du nombre, si dédaigneuse et si impatiente de toute tradition.

Concluons :

Nous n'avons pas découvert notre principe de la souveraineté nationale chez nos ancêtres, aux siècles les plus agités de leur vie politique. En vain l'avons-nous demandé aux républiques anciennes les plus vantées pour leur amour de la liberté. Enfin, les nations contemporaines, sans excepter l'Angleterre et les États-Unis, le méconnaissent. Tout au plus en avons-nous trouvé une sorte de contrefaçon assez mesquine chez nos voisins d'Espagne et d'Italie.

Inutile de se livrer à d'autres investigations. Le silence gardé par les adhérents de notre souveraineté nationale à l'égard des autres peuples renferme implicitement cet aveu, qu'il n'y a rien dans leur histoire qui porte la trace de notre principe.

Il faut donc donner raison à ceux qui déclarent nettement et sans détour que notre doctrine est chose vraiment nouvelle et d'origine toute française. C'est, au reste, une gloire qu'ils revendiquent hautement pour ce siècle, et pour notre pays. La France n'a pas coutume, disent-ils, de copier les autres peuples ; sa mission est de leur donner le ton en tout, et, si parfois elle se laisse devancer par quelque endroit, elle ne tarde pas à reprendre la tête, pour frayer à l'humanité la route du progrès par la liberté.

Notre souveraineté nationale a ce double caractère d'être nouvelle et propre à la France. Mais jusqu'où s'étend sa nouveauté ; jusqu'à quel point se singularise-t-elle? Ces questions se présentent naturellement à cette place. Ne vous hâtez pas de demander à notre souveraineté nationale ce qu'elle est ou ce qu'elle veut de positif. Il est possible qu'elle affirme et qu'elle édifie quelque chose ; ce sera chose à discuter, mais après qu'il aura été répondu à une autre question qui s'impose d'abord: celle de ce passé dont elle ne veut plus. Son premier acte a été de rejeter ce passé, de le démolir, de le mettre en pièces avec une violence qui tenait de la rage. Et présentement, loin qu'elle songe à relever ces ruines, elle poursuivrait plutôt de sa haine les derniers restes de l'édifice ancien. Il importe donc, premièrement, de connaître cet ordre de choses qu'on respectait autrefois, qui avait été en vigueur de tout temps et en tout lieu, et qui encore maintenant se conserve partout ailleurs. L'étude que nous venons de faire n'a pu nous en donner une idée suffisante. Notre souveraineté nationale se donne la prétention d'être un principe ; et, de fait, c'est contre les principes reçus autrefois qu'elle s'est insurgée. Ce sont surtout les faits que nous avons opposés aux faits ; il faut maintenant opposer les idées aux idées. Ou plutôt, il faut décrire les doctrines universelles et constantes contre lesquelles notre France a osé se soulever, et qu'elle aspire à bannir du monde entier. L'exposé de ces doctrines est la préface obligée de toute histoire de notre sytème moderne.

DEUXIÈME QUESTION

QUELLE A ÉTÉ LA DOCTRINE UNANIME DES PEUPLES, TANT SUR LA SOUVERAINETÉ NATIONALE, QUE SUR TOUT L'ORDRE POLITIQUE EN GÉNÉRAL.

> « La Révolution est un système universel, une théorie radicale, qui à partir de 1789 prétend s'imposer aux esprits comme aux volontés des nations et définir les lois de la vie publique. Elle a pour but de constituer tous les États sous la seule volonté de l'homme, à l'exclusion du droit divin. Son dogme fondamental est que l'autorité, le pouvoir ne vient nullement de Dieu, mais de l'homme, mais du peuple, et partant que l'ordre social n'a pas pour règle les commandements divins, mais les volontés arbitraires de l'homme et des nations... Le Christianisme peut seul dompter la Révolution, parce qu'il emprunte sa force, son principe à l'extrême opposé, c'est-à-dire à l'ordre divin, parce qu'il est la vérité qui dissipe la nuit du mensonge, enfin parce qu'il est la véritable liberté dont la Révolution n'offre que le leurre. »
>
> (Dr STHAHL, professeur à l'Université de Berlin.)

La matière à traiter dans cette seconde question se partagéra naturellement en trois chapitres.

Le premier fera connaître comment on entendait autrefois, et comment on entend encore autre part que chez nous, la souveraineté nationale; et il donnera en même temps les raisons que l'on croyait avoir de préférer la monarchie aux autres formes de gouvernement.

La souveraineté se rattachant essentiellement à l'ensemble des choses politiques, il faudra, dans un second chapitre, se demander comment nos ancêtres concevaient l'ordre politique, ce qu'ils pensaient de l'origine de la société et du pouvoir souverain et des liens qui les unissent l'un à l'autre.

Et parce que l'ordre politique n'allait point sans l'ordre religieux, un troisième chapitre exposera ce que l'on pensait autrefois de l'union dans laquelle doivent vivre la Religion et l'État. Ce chapitre appellera surtout l'attention du lecteur.

CHAPITRE PREMIER

La souveraineté nationale et sa forme monarchique selon la Tradition.

§ I. *La souveraineté nationale.* — Quelle idée nos pères se faisaient de la nation et de sa souveraineté. Cette idée était indépendante des formes politiques; mais elle ne se concevait qu'autant que la nation reste unie à ses chefs naturels. Ce que l'on pensait dans l'hypothèse d'une scission entre la tête et les membres; exemple emprunté à l'époque de nos guerres religieuses.

Étrangers aux subtilités et aux abstractions auxquelles nous a accoutumés le cartésianisme, nos ancêtres prenaient les choses dans leur réalité concrète, et ils ne s'amusaient pas à les détruire pour les refaire à l'aide d'hypothèses plus ou moins fantaisistes. La nation, c'était pour eux l'ensemble organisé des membres qui qui la composent, supérieurs et inférieurs, gouvernants et gouvernés, chacun suivant le rang qui lui est fait. Il allait de soi que la nation ainsi envisagée est souveraine, et qu'une telle souveraineté est vraiment nationale. Elle l'est en effet, et selon une acception beaucoup moins étroite et forcée que celle donnée par nous à ce terme. Elle l'est dans le sens naturel du mot, celui de la pleine puissance qu'a toute société parfaite de se conserver telle, de se gouverner et de se défendre des ennemis qui voudraient attenter à son indépendance.

La nation et son gouvernement pouvaient bien affecter des formes diverses, quant au mode suivant lequel fonctionnait la souveraineté. Ici, c'était la république; là, la monarchie. Autre était la république à Venise, autre à Florence, dans les cantons helvétiques, etc. Autre également la monarchie, selon les différentes contrées où elle était en vigueur. Mais partout c'était une souveraineté véritablement nationale, dans toute l'étendue du mot ; et cela, non seulement parce que l'autorité suprême s'y exerçait pour le bien et au nom de la communauté sociale, appelée du nom de nation; mais encore parce que, même dans les monarchies les moins tempérées d'aristocratie et de démocratie, les sujets eux-mêmes participaient toujours de quelque manière à la direction des affaires générales.

On ne considère point assez la dépendance réciproque qui se fait entre gouvernants et gouvernés, surtout chez les peuples chrétiens. Les dispositions des gouvernés, leurs besoins, leurs vœux, leur résistance possible... que de choses dont les gouvernants sont forcés de tenir compte, et qui par suite font entrer les gouvernés dans les conseils et dans l'exercice de la souveraineté. Quand la part des gouvernés se réduirait à ce minimum, c'est assez déjà pour établir entre la tête et les membres une correspondance intime, une étroite solidarité; en un mot, cette unité de vie qui fait un corps animé. Ce qui permet de dire que la souveraineté, qui est le nœud de cette union, n'est pas le partage exclusif de la tête, et ne saurait l'être ; elle est le bien de tous, de même que l'âme dans le corps humain est le bien de tous les membres. D'où il suit qu'une telle souveraineté pouvait à très juste titre s'appeler du nom de *souveraineté nationale.*

On peut, ce semble, distinguer trois choses au sujet de la souveraineté dans une nation : 1° la souveraineté prise en elle-même, dans les pouvoirs qui la constituent; 2° le droit à l'exercer; 3° le droit à ce qu'elle s'exerce suivant la fin qui lui est assignée, à savoir, le bien de ceux qui lui sont soumis.

Le droit à l'exercice de la souveraineté, nos pères l'attribuaient, nous l'avons vu, aux chefs qui s'en trouvaient régulièrement en possession. Ils le refusaient absolument à la nation considérée séparément de ses chefs naturels. La nation ainsi envisagée, ils ne la tenaient pas pour une nation proprement dite ; ils la regardaient d'ailleurs comme incapable d'exercer la souveraineté, destituée qu'elle est dans ce cas des organes qui lui sont nécessaires pour cette grande fonction.

Ils ne reconnaissaient d'autre droit à la nation que celui de résister, le cas échéant, à l'usage tyrannique de la souveraineté, et de résister, s'il était besoin, jusqu'à déposséder les dépositaires de la souveraineté.

La souveraineté n'est, en effet, qu'un moyen pour un peuple de se constituer, de se conserver, d'atteindre la fin en vue de laquelle il est formé en société. Si, par conséquent, la souveraineté cesse d'être un moyen pour la fin qui est sa raison, si elle devient un obstacle, si au lieu de satisfaire aux conditions générales ou particulières de son institution, elle y manque de manière à mettre la société en péril, l'obéissance n'est plus évidemment un devoir pour les sujets. Ils peuvent, ils doivent même s'opposer à la tyrannie, pour autant que la conservation de la société le demande.

C'est alors, et dans ce cas seulement, qu'il est permis de considérer la nation séparément de ses chefs, et de se demander jusqu'où son pouvoir s'étend. Ce qui n'est en toute autre circonstance qu'une supposition, devient ici une réalité. Le corps de la nation se dédouble ; ses membres font divorce avec la tête ; ou plutôt, c'est la tête qui se met elle-même en lutte et en opposition avec les membres, et qui les réduit à la nécessité de pourvoir à leur conservation, conservation qui est toujours la loi suprême : *Salus populi suprema lex esto.*

Mais, en pareil cas, que devenait, dans la pensée des siècles d'autrefois, la souveraineté nationale?

Le droit à cette souveraineté demeurait dans les mains de celui qui en avait reçu le dépôt. L'exercice en était simplement suspendu, jusqu'à ce que le dépositaire fût rentré dans le devoir qui lui est fait de l'exercer pour le bien, ou que, s'opiniâtrant dans la voie de la tyrannie, il fût mis dans l'impossibité d'user de sa puissance souveraine et qu'elle fût passée en d'autres mains.

Quant à dire que la souveraineté, ou le droit à l'exercer fît retour dans cette conjoncture à la nation, on n'en avait pas l'idée. On l'eût tenu pour une impossibilité, une nation n'ayant point, dans cette situation, ce qu'il faut pour l'exercice de la souveraineté, puisqu'elle est supposée n'être plus unie à son chef naturel, et que l'exercice de la souveraineté est l'attribution propre et exclusive du chef. Chef et souverain sont deux termes qui s'impliquent. Le chef faisant défaut, la souveraineté manque de la condition première et essentielle pour agir, celle d'un sujet déterminé qui soit en position de l'exercer.

Non, tout ce qu'on se permettait d'attribuer à la nation, et ce qui semblait lui suffire dans la circonstance, c'était le droit de légitime défense, porté, s'il était nécessaire, jusqu'à chasser du trône, même jusqu'à faire mourir le souverain traître à son devoir ; non toutefois par forme de jugement et de châtiment, mais uniquement par mesure de défense et de sauvegarde.

Durant la crise, et jusqu'à ce que la souveraineté se reconstituât, l'organisation qui fait le corps social par l'union des parties sous un chef commun, était en souffrance. Les parties se désunissaient ; elles se convertissaient en partis ; les divisions et les compétitions prenaient jour ; la vie sociale cessait faute du principe actif qui en est l'agent essentiel, la souveraineté en acte. Ce n'était qu'après avoir recouvré sa tête ou s'en être fait une nouvelle, que la société reprenait possession d'elle-même, recommençait à vivre de la vie qui lui est propre et redevenait société complète et véritable.

La souveraineté nationale est le fait, le privilège d'une nation formée, en même temps que sa condition la plus nécessaire. Elle n'est en *puissance* que là où elle *peut* passer en acte.

Notre histoire nous présente au XVIe siècle, à l'époque des guerres de religion, une application des idées que nous venons d'exposer.

La France avait échappé, dans l'immense majorité de sa population, à l'invasion des nouveautés protestantes.

Elle était restée, et elle voulait rester fidèle à la foi catholique, comme à l'un des principes fondamentaux de sa constitution nationale.

Or, il arriva que les derniers Valois, et après eux Henri de Bourbon, laissèrent mettre en péril ce principe essentiel, ceux-là par leurs tergiversations, et celui-ci par une profession ouverte de l'hérésie. De là la *sainte Ligue* des populations, formée dans le but de s'opposer au renversement de l'ancienne constitution, et de ramener le prince au devoir essentiel de la souveraineté chez un peuple catholiquement constitué.

Nul besoin de dire qu'en cette circonstance la nation s'attribua le pouvoir souverain et eut à faire acte de souveraineté. Il suffit de dire qu'elle se retira de l'obéissance aux dépositaires de la souveraineté, qu'elle les empêcha d'en user contre une des lois fondamentales du royaume, opposant la force à la force, et résolue sans doute, s'il le fallait, à ne les reconnaître jamais comme souverains, s'ils persistaient dans leurs errements.

La nation parvint heureusement à son but. Henri IV abjura l'hérésie ; la réconciliation se fit entre le dépositaire de la souveraineté et les sujets, et, par l'effet de cette réconciliation, l'antique souveraineté nationale reprit son cours traditionnel un instant troublé et suspendu.

Telle a donc été parmi les peuples la conception constante et universelle de la souveraineté nationale.

Il suffit pour l'instant d'avoir constaté et décrit ce fait. Avant de rien conclure, il convient de poursuivre notre exposé des doctrines traditionnelles.

La souveraineté nationale affectait, avons-nous dit, des formes diverses. Entre ces formes, la monarchie héréditaire a été et est encore la plus répandue, et la

France n'avait pas connu d'autre gouvernement, depuis sa première origine au ve siècle jusqu'à 89. Qu'est-ce à dire, sinon que la monarchie passait pour la meilleure forme de gouvernement, spécialement dans notre pays? Cette assertion est trop importante pour n'être pas démontrée à part.

§ II. *La forme monarchique.* — Tous les siècles l'ont estimée la meilleure. Raisons qu'ils ont données de leur préférence :

I. La fin de la souveraineté, comme celle de la société, c'est le bien commun; or ce bien ne subsiste dans son intégrité, et avec lui la société, qu'à proportion de son inviolabilité aux mains d'un seul.

II. La transmission héréditaire du pouvoir est désirée par la nature elle-même.

III. La nature incline aussi le dépositaire du bien commun à s'en faire un bien propre.

IV. L'inamovabilité, chose des plus désirables pour le grand justicier de l'Etat.

V. Le gouvernement personnel et héréditaire est celui qui impose une plus grande responsabilité, celui par conséquent qui dépend davantage de la conscience, laquelle est, entre les règles humaines, la règle suprême.

Notre grand Bossuet a dit de Suarez qu'en lui on entend toute l'école, en d'autres termes, qu'il reflète exactement le sentiment le plus autorisé parmi les maîtres de la science.

Or voici comment cet illustre docteur s'exprime au sujet de la forme monarchique : « Cette forme, dit-il, est de toutes la plus parfaite, comme le cardinal Bellarmin (lib. I, *De Rom. pontif.* cap II et seq.) l'a montré avec érudition, par les témoignages des Pères, des philosophes et des historiens. » (*Defensio fidei*, lib. III, cap. x, in fine.) « Il est certain, dit-il ailleurs, que la forme monarchique est la plus parfaite. Le gouvernement du monde est une monarchie dont Dieu est le roi ; l'Église aussi est une monarchie : or l'on doit croire que Jésus-Christ a choisi la forme la plus parfaite. » (*De legibus*, lib. III, cap. IV.)

Tel a donc été le sentiment des siècles passés.

Mais il est bon de remarquer surtout les raisons sur lesquelles ils appuyaient leur sentiment. En voici quelques-unes, brièvement exposées :

I. La fin d'une société, c'est prochainement le bien commun des individus qui la composent, et médiatement, dans et par ce bien commun, le bien particulier des individus.

Le bien commun est un et indivisible, et il doit être et demeurer tel, en tant qu'il est le bien de tous.

Il ressemble à l'âme qui appartient indivisiblement à tous les membres, au soleil qui est le foyer commun de la vie pour tous les êtres vivants de ce monde.

C'est la propriété essentielle de ce bien, d'être le centre vers lequel tout bien particulier converge, pour en tirer ce qui le constitue lui-même comme bien, ce qui lui assure l'existence et la durée.

C'est lui qui fait l'unité, l'indivisibilité du corps social.

En quoi consiste-t-il? On ne saurait lui assigner de bonté qui lui soit propre substantiellement, ni le définir autrement qu'en disant qu'il est la condition nécessaire, la cause des biens particuliers. Sa nature, sa raison, c'est de leur donner le pouvoir d'être, de se conserver et de grandir.

Le bien commun, c'est le *pouvoir*, pour les biens particuliers, d'arriver à l'existence et à la sécurité.

Si le propre du bien commun est d'être un et indivisible, le bien particulier au contraire est essentiellement multiple, divers, divisible.

Le bien particulier pousse à la division; le bien commun maintient l'union et fait la société.

La fin de la souveraineté est la même que la fin de la société : réaliser le bien commun, et dans le bien commun, le bien individuel.

Or, évidemment, le bien commun ne reste tel, il ne se réalise, et par conséquent la fin de la société et de la souveraineté ne s'obtient, qu'autant, en proportion, que ce bien commun est mis à part, en dehors des biens particuliers, et rendu inaccessible aux convoitises des individus. Qu'il rentre tant soit peu dans la condition des biens propres aux individus, qu'il soit mis à leur portée, qu'il leur soit permis d'y aspirer, ce bien cesse d'autant d'être le bien de tous, pour devenir le bien propre de tels ou tels. Son existence devient précaire, et partant celle de la société elle-même. L'unité, l'indivisibilité du corps est frappée au cœur.

Il n'y a rien comme la souveraineté pour exciter les convoitises et enflammer les ambitions. L'autorité suprême qui est son privilège, les honneurs qui font son cortège nécessaire, les richesses qui en sont l'apanage, tout en elle est de nature à allumer au plus haut point la cupidité. Et dès lors qu'elle peut tomber, en tout ou en partie, aux mains des particuliers, aussitôt surgissent les prétendants par centaines: Pourquoi celui-ci plutôt que moi? Si je ne puis à moi seul obtenir le tout, je le partagerai avec d'autres. Entendons-nous, liguons-nous. A notre tour de commander.

La nature humaine est ainsi faite, et nos pères avaient ce bon sens de la prendre telle qu'elle est. Ils pensaient, en conséquence, que rien n'importait autant à la société que de dérober la souveraineté aux convoitises des particuliers et de tarir la source de compétitions si funestes. Et ils ne voyaient pas de précaution meilleure, de sauvegarde plus assurée contre ce mal capital, que la monarchie héréditaire.

Nos pères se trompaient-ils en cela?

On a dit un jour, à la tribune française, un mot qui restera comme l'expression immortelle du bon sens, tant que le bon sens aura quelque part aux affaires humaines. Il s'agissait de la souveraineté temporelle du Saint-Siège. Odilon Barrot, croyons-nous, plaidant la cause de cette souveraineté, appuyait son argumentation sur cette raison qui lui semblait décisive : « Pour que les deux puissances soient distinctes et séparées partout ailleurs, il faut qu'elles soient unies à Rome. »

Ainsi faut-il dire du bien commun et du bien particulier dans la société. Il est nécessaire qu'ils soient séparés partout et pour tous; et ils ne le sont parfaitement qu'à la condition d'être unis et confondus dans les mains d'un seul et à perpétuité. Le mieux est que le bien commun devienne pour un seul ce qu'est pour chacun des autres son bien particulier, qu'il soit sa propriété; propriété d'autant plus inviolable et sacrée, qu'elle reste plus sûrement, à cette condition, la propriété de tous, et la garantie la plus solide de toutes les propriétés individuelles.

Tel est le raisonnement que faisaient nos pères.

II. N'est-ce pas, disaient-ils encore, un penchant de la nature, que le père veuille transmettre à ses enfants le bien qu'il possède, et ce penchant n'est-il pas d'autant plus fort que les biens en question sont d'un plus haut prix? S'accorder avec ce penchant, n'est-ce pas le mieux et le plus sûr? N'est-ce pas se délivrer de difficultés et de complications fort compromettantes pour la paix et le bon ordre, qui naîtraient inévitablement de cette inclination naturelle? Il n'est pas expédient de se mettre en opposition avec la nature.

III. Ensuite, n'est-ce pas une chose d'expérience universelle, que nul ne s'intéresse jamais à un bien qu'en raison de l'avantage particulier et personnel qu'il y trouve? Supposez, disait-on, que dans le dépositaire du pouvoir le bien propre et personnel soit distinct et séparé du bien de la société; en vain lui demanderez-vous qu'il s'affectionne à celui-ci autant qu'à celui-là, en règle générale du moins. La nature va trop contre. N'est-ce pas déjà lui demander trop, que le bien commun et le bien particulier demeurent séparés dans les mêmes mains? N'incline-t-elle pas fortement à vouloir et à faire que ces biens se confondent? La souveraineté est chose si grande et d'un tel prix, qu'il est tout naturel que celui qui la possède se l'approprie, au préjudice de tous ses autres biens, ce bien devant suffire à le dédommager surabondamment de la perte des autres.

Au contraire, que la souveraineté soit le bien propre et particulier d'un seul, d'une famille, l'on voit cette famille, ce monarque appliquer au bien de la société tout le zèle qu'inspire naturellement l'amour du propre intérêt; en même temps que, d'autre part, les sujets, assurés de l'inviolabilité du bien commun, s'occupent uniquement de vaquer à leurs propres intérêts, au grand avantage de la prospérité générale.

IV. Nos pères étaient encore touchés de cette considération. Les intérêts particuliers sont bien souvent opposés et en lutte. Ils sont d'ailleurs inégaux en force. Il y a des grands et des petits, des forts et des faibles, des bons et des méchants. Tel particulier peut être, en même temps, et puissant et méchant. Enfin, les droits et devoirs réciproques non seulement sont violés fréquemment, ils sont encore bien douteux parfois et bien sujets à dispute. C'est au souverain à maintenir, à rétablir la concorde, en faisant que justice soit rendue à chacun. Il est le grand justicier de ses sujets, et cette fonction est l'une des plus essentielles de sa charge. Il faut donc qu'il tienne la balance égale entre les parties. Ce n'est pas assez; il faut qu'il ne puisse être soupçonné de partialité. Il faut, par conséquent, qu'il soit autant que possible en situation de résister aux considérations qui pourraient le faire dévier de la justice, considérations d'un bien à acquérir ou d'un mal à éviter pour soi-même. La meilleure garantie, c'est l'inamovibilité. On l'accorde aux juges inférieurs; elle convient surtout au juge suprême, de qui ils doivent dépendre et à qui l'on appelle de leurs sentences.

V. Une dernière raison qui nous est rappelée par le langage que tenait récemment M. de Marcère, alors ministre de l'intérieur, dans une réunion publique à Arras : « Toutes les formes de gouvernement ont été mises à l'épreuve depuis 80 ans, et c'est la forme impersonnelle qui a fourni à tous les esprits éclairés et impartiaux la solution si péniblement cherchée. »

M. de Marcère restreint à la France et il renferme dans le court espace des 80 dernières années, l'épreuve qu'il dit avoir été faite des diverses formes de gouvernement. Il passe sous silence celle des âges passés et des autres peuples de notre temps. Est-ce dédain? Est-ce calcul? Le fait est que l'orateur aurait eu contre lui le sentiment universel. Car on a toujours pensé que plus la souveraineté se rapproche de la personnalité humaine, et s'identifie avec elle; meilleure est la condition qui lui est faite, mieux elle peut atteindre la perfection qu'elle comporte [1].

Ce qui fait la personnalité, c'est la conscience, c'est la responsabilité.

Plus la conscience est intéressée dans un acte, plus elle sent sa responsabilité, plus elle se croit obligée de peser les motifs pour et contre, plus l'acte est susceptible de moralité.

Il est certain, d'autre part, que la conscience est d'autant plus intéressée dans un acte, que la responsabilité en doit être moins partagée. Là où deux ou trois doivent conjointement prendre une décision, moins vif et moins impérieux est pour chacun le sentiment de la responsabilité, moins pressant est le cri de la conscience.

Or quelle est, entre les règles humaines, la règle par excellence, la règle des règles, la règle suprême et souveraine? N'est-ce pas la conscience?

Et s'il est à souhaiter que cette règle ait quelque part tout son empire, n'est-ce pas aux conseils de la souveraineté?

1. Avant de célébrer les bienfaits du gouvernement *impersonnel*, le ministre venait de rapporter la sécurité présente et la confiance dans l'avenir à la personne du Maréchal, « ce grand citoyen entouré d'une triple auréole de vertus privées, civiques et militaires. » Telle est la force du bon sens, qu'il oblige l'erreur à lui rendre hommage au moment même où elle s'efforce de l'étouffer.

La souveraineté n'a-t-elle pas précisément pour fonction essentielle de régler, de maintenir dans la règle, de ramener à la règle les hommes qui lui sont soumis? N'est-elle pas aussi la règle des règles, la régulatrice suprême des règles inférieures auxquelles les particuliers doivent, chacun selon son état, conformer leur conduite?

Il est donc grandement à désirer que la souveraineté soit mise dans la nécessité de s'inspirer de la conscience, le plus qu'il est possible; et, par une conséquence naturelle, qu'elle soit laissée à un seul, avec pouvoir de la transmettre héréditairement.

De là vient que le monarque est appelé proprement du nom de *roi*, du latin *rex*, *regere*, et que la société qu'il gouverne est dite *regnum*, c'est-à-dire société régie, réglée comme il convient le mieux.

Nous avons dit : avec pouvoir de la transmettre héréditairement. En effet, la responsabilité n'oblige pas seulement à prendre une décision; elle oblige à la maintenir, à lui donner la suite qu'elle réclame. Elle oblige également à réparer les fautes commises.

Et cette responsabilité ne lie pas seulement l'auteur de la décision dont nous parlons; elle lie ceux qui doivent lui succéder à titre d'héritiers, lesquels ne font avec lui qu'une même personne morale. C'est le propre de l'hérédité de transmettre au successeur l'héritage tout entier, actif et passif compris, à la différence des autres successions qui désintéressent plus ou moins la conscience vis-à-vis du passé, et qui donnent lieu à autant de personnalités séparées qu'il y a de successeurs. Voilà pourquoi il est important pour la moralité d'un gouvernement que la souveraineté soit héréditaire.

Voilà les raisons qu'on avait autrefois de préférer la monarchie héréditaire à tout autre régime. Ce n'est pas ici le lieu de les apprécier, ni de tirer quelque argument contre nos idées françaises d'à présent. Mais il était utile de les rappeler, pour pénétrer mieux la pensée de la tradition; et pour faire ressortir d'une manière plus sensible combien elle contraste avec la nôtre.

Cette monarchie héréditaire, nous l'avons rejetée, et il nous semble impossible de nous réconcilier avec elle. Pourquoi cette aversion? C'est que, précisément, nous ne voulons pas d'un droit qui se perpétue, d'une stabilité qui ferme la porte aux changements, d'un privilège de naissance qui consacre les supériorités et les inégalités sociales. Nous ne voulons pas surtout d'une part si grande donnée à la conscience, et partant à Dieu, à la religion.

Mais notre hostilité pour la monarchie héréditaire a pour cause une hostilité plus radicale, une hostilité qui se rapporte à l'origine même de la société et du pouvoir souverain. Il faut descendre aux fondements premiers de l'ordre politique.

CHAPITRE II

Enseignement de la Tradition sur l'origine de la société et du pouvoir souverain.

Dans la théorie moderne de la formation de la société du pouvoir, la volonté de l'homme fait tout; Dieu n'y est pour rien.

Selon la tradition, la société est nécessaire à l'homme d'une nécessité naturelle. Même nécessité du pouvoir souverain qui fait la société. L'un et l'autre sont donc de Dieu, créateur de la nature. Ils sont de Dieu, non seulement comme devant être, mais encore comme existants, du moins quant à ce qui les constitue nécessairement. Pour les formes accidentelles, elles sont de l'homme et de Dieu, de l'homme qui les choisit, de Dieu qui leur confère le droit. Le pouvoir est donné de Dieu *immédiatement* au chef de la société, comme il est donné au mari dans la société conjugale. C'est la volonté de Dieu qui fait la force du contrat social, comme de tous les autres, lesquels sont simplement des titres destinés à faire foi de cette volonté divine.

Deux conséquences de ces principes : 1° De droit divin, le lien social est indissoluble, au moins quant à ses conditions essentielles. Autorité de la possession. — 2° La société doit rendre et faire rendre par ses membres un culte public à Dieu ; elle le doit, tant à raison de son origine qu'à raison de sa fin, laquelle est de faire des hommes qui le soient effectivement, l'homme étant par nature et avant tout un être religieux.

Il est clair que, dans notre système moderne, il n'existe plus de distinction réelle entre le souverain et les sujets, entre l'autorité et l'obéissance. Si les mots sont conservés, ils n'ont plus le sens qui leur est propre. La nation, c'est-à-dire les individus sont à la fois souverains et sujets, ils se commandent à eux-mêmes, ils se gouvernent comme il leur plaît, ils s'obligent à quoi ils veulent, par des lois qu'ils font eux-mêmes et qui tirent de leur volonté tout ce qui leur donne le caractère de lois. On n'obéit point par devoir de conscience, mais par nécessité de situation, et seulement autant qu'on le juge bon ou nécessaire.

La société elle-même n'a pas d'autre origine que la rencontre de volontés individuelles, lesquelles se sont accordées, avec une entière liberté de disposer d'elles autrement, à s'unir, à concerter un ordre de choses où les efforts de tous fussent mis en commun, pour le plus grand avantage de chacun. Elles ont librement sacrifié une partie de leur indépendance native, afin de dépendre les unes des autres, et de *convenir* d'une forme commune de vie.

La société est donc regardée comme une institution purement humaine, et quant à sa manière d'être et de vivre, et quant à ses origines.

On se passe ainsi de Dieu, et l'on se persuade qu'on peut s'arranger et vivre en société sans Lui.

Se passer de Dieu, c'est même, semblerait-il, à quoi viserait surtout notre théorie moderne. Se passer de Dieu, c'est-à-dire, sinon de l'idée de Dieu que l'on permet de rappeler, de sa bonté et de sa providence que l'on veut bien laisser ou même faire invoquer publiquement; du moins, de sa volonté souveraine, de son autorité suprême. Il n'y a plus de place dans la chose publique pour le droit divin, à quelque titre et sous quelque forme que ce soit. Il n'est plus mention que du droit de l'homme et du citoyen. Ce droit suffit pour tout; pour constituer tout ordre quelconque, parmi les hommes, comme pour le maintenir; l'ordre social et politique aussi bien que l'ordre domestique, l'ordre intellectuel aussi bien que l'ordre moral.

L'autorité divine ainsi disparue, l'on comprend qu'il n'y ait plus lieu à distinction entre la souveraineté et les sujets, et que notre idée de la soi-disant souveraineté nationale soit devenue possible.

Et quelles preuves donne-t-on à l'appui de ces conceptions? — Aucunes.

L'on sait fort bien au surplus qu'en concevant ainsi les choses, l'on contredit ouvertement l'opinion universelle des peuples. Serait-ce donc qu'ils aient, eux aussi, dédaigné de chercher quelque part un appui à leur sentiment? Rassurez-vous, leur système est raisonné, et il est à propos de l'exposer ici en quelques mots.

Nos ancêtres, quand ils se permettaient de disputer

sur les choses humaines, ne commençaient pas, comme il a été dit déjà, par une hypothèse plus ou moins flatteuse pour la vanité ; ils ne faisaient pas de l'homme un être de raison tout différent de ce qu'il est en réalité. Ils partaient du fait, et de là, comme d'un principe certain absolument, ils tiraient leurs conclusions, tant pour la spéculation que pour la pratique, lesquelles par suite n'avaient aucune peine à se mettre d'accord.

Or, disaient-ils, à prendre ainsi les choses dans la réalité, l'individu a besoin de la société.

Il faut à l'individu, une famille où il puisse naître, où il grandisse, où il soit *élevé*, *instruit*, de manière à devenir un *homme fait ;* il lui faut ses proches, que le langage vulgaire, expression constante du vrai, appelle ses *nécessaires* [1].

Si la société domestique est nécessaire à l'individu, elle a elle-même un besoin plus grand encore d'une société plus étendue, les exigences de la famille surpassant de beaucoup celles de l'individu. A tel point que, sans cette société plus étendue, la famille est moralement impossible, et, par une conséquence naturelle, l'individu lui-même.

Supprimez la société, et l'homme n'est tout au plus qu'un être manqué, et la création dont il est le chef n'a point elle-même son couronnement nécessaire. Il y a dans l'homme et dans les créatures qui l'entourent, nombre de qualités qui les rendent capables d'agir et de donner, de recevoir et d'acquérir, lesquelles ne peuvent entrer en exercice ou s'exploiter qu'à l'aide de la société. Hors de là elles restent à l'état de germes, et l'homme, supposé qu'il existe, n'est plus qu'une ébauche informe,

1. Chez les Romains, les mots *necessarii*, *necessitudo* étaient synonymes de *propinqui*, *propinquitas*.

incapable de justifier la définition qu'on donne de sa nature, à savoir, qu'il est un être raisonnable. Ses facultés les plus nobles, celles qui le distinguent comme homme, resteraient les plus inertes.

Supposé qu'il existe, avons-nous dit. Car, indépendamment de la naissance et en admettant l'hypothèse d'un homme fait, comment, je le demande, assurerait-il son existence contre ses nombreux ennemis, les éléments, les animaux malfaisants, les autres hommes ?

Au surplus, il est un fait éclatant qui, à lui seul, est une démonstration sans réplique : tous les hommes vivent en société, ce qui ne serait point s'il était possible à l'homme de vivre autrement.

Il est donc évident que Dieu, qui a créé l'homme, l'a destiné à la société. Il lui en a fait une nécessité naturelle. « L'homme est par sa nature, dit saint Thomas, un animal social et politique, vivant en multitude ; c'est ce que fait voir la nécessité naturelle » [1].

D'où l'on concluait que la société est de Dieu, au moins en ce sens général, que, Dieu en ayant fait une nécessité pour les hommes, sa volonté est qu'ils s'unissent et qu'ils s'associent.

Mais jusqu'où va cette volonté du créateur ? Jusqu'à quel point s'étend cette nécessité naturelle ? Qu'entendre par cette société à laquelle la nature incline nécessairement ? Est-ce simplement une agrégation quelconque d'individus? Est-ce un rassemblement désordonné, précaire et irrévocable ? Evidemment non. La fin de la société étant la mise en commun d'une partie des forces

1. « Naturale est homini ut sit animal sociale et politicum, in multitudine vivens, quod quidem naturalis necessitas declarat. » (*De Reg. Princip.*).

individuelles, avec partage de la tâche en vue du bien de tous, il faut unité de pensée et de volonté ; il faut, par suite une direction générale, qui embrasse les parties diverses, qui les ramène à l'unité et qui les ordonne en vue du but commun. Il faut une direction qui puisse tout cela, et qui partant ait autorité et force pour imposer à tous l'ordre réclamé par la fin de la société.

Qu'une semblable direction fasse défaut, chacun, pensant à ce qui lui convient davantage, s'occuperait peu ou point, ou à sa manière, du bien général. De cette sorte, la fin commune serait manquée, et la multitude se disperserait en sens divers, ainsi que l'observe saint Thomas, qui ne fait du reste que formuler l'arrêt du sens commun : « Le bien propre de chacun n'est pas la même chose que le bien commun de tous. Les hommes se divisent selon leurs intérêts particuliers, l'intérêt commun les unit... Outre le sentiment qui les pousse chacun vers son propre bien, il faut autre chose qui les excite à leur bien commun à tous. Si donc il est dans la nature de l'homme qu'il vive en société avec plusieurs, il est nécessaire qu'il y ait parmi les hommes un gouvernement [1] ».

Et comment s'est appelée cette autorité dirigeante? Du nom de *pouvoir*, parce qu'elle seule *peut* conduire l'homme à sa fin, et faire qu'il soit vraiment homme, en le faisant vivre en société.

1. « Multis existentibus hominibus, et unoquoque id quod est sibi congruum providente, multitudo in diversa dispergeretur... Non enim idem est quod proprium et quod commune. Secundum propria quidem differunt (homines), secundum autem commune uniuntur... Oportet igitur præter id quod movet ad proprium bonum uniuscujusque, esse aliquid quod movet ad bonum commune multorum... Oportet igitur esse in omni multitudine aliquod regitivum » (*De Regimine Principum.*)

Du nom de *pouvoir suprême* ou de *souveraineté*, pour cette raison qu'elle tient le rang le plus élevé entre les autorités auxquelles l'homme doit soumission.

Ou, simplement, du nom de *pouvoir*, attendu qu'il appartient à cette autorité de mettre ou de maintenir les autorités inférieures en état de *pouvoir* elles-mêmes remplir leur office.

Telle est donc la société, telle est la souveraineté que réclame et qu'impose la nécessité naturelle ; en d'autres termes, la nature, Dieu même.

D'où suivait, pour nos pères, cette conséquence, que la souveraineté est de droit divin naturel, qu'elle est de Dieu immédiatement et uniquement, comme tout ce qui appartient à la nature; qu'elle est de Dieu, du moins au sens que nous venons de dire, en tant que nécessité faite par Dieu, et quant aux droits qui la constituent essentiellement, ou qui lui sont indispensables pour former et pour maintenir l'ordre social.

« Il n'est pas de puissance qui ne vienne de Dieu. Toute puissance a été ordonnée par Dieu[1], » dit l'Écriture.

Si la puissance du père sur ses enfants, celles du mari sur sa femme, du maître sur ses serviteurs, du propriétaire sur ses biens, ont été ordonnées primitivement de Dieu, et découlent originellement de sa souveraineté, à plus forte raison la puissance qui est préposée à la sauvegarde de ces puissances inférieures.

Ici s'arrête pour la société et pour le pouvoir la nécessité naturelle, et par conséquent le droit divin naturel. Cette nécessité et ce droit font que la société et

1. « Non est potestas nisi a Deo; quæ autem sunt, a Deo ordinatæ sunt. » (*Rom.*, XIII, 1.)

le pouvoir existent effectivement là où plusieurs hommes s'accordent à les vouloir; ils font que cet accord se forme, mais ils ne vont pas jusqu'à faire qu'il se forme sous telle condition déterminée.

De même que l'homme est nécessité à vouloir le bonheur en général, non à vouloir tel bien déterminé; de même la nature, c'est-à-dire Dieu, comme auteur de la nature, nécessite les hommes à vouloir la société et le pouvoir en général, comme moyen nécessaire du bonheur, mais non à vouloir telle société ou tel pouvoir déterminé.

En d'autres termes, la monarchie, la démocratie, non plus que telle dynastie ou tel gouvernement quelconque, ne sont point de droit naturel. Ils ne peuvent être que de droit positif, comme tout ce qui s'ajoute ou se superpose au premier fondement de la nature.

Tandis que ce fondement demeure partout le même, ce qui est bâti dessus varie, et il peut légitimement varier, suivant les lieux et les temps, suivant les conditions dans lesquelles se fait le concours des volontés humaines. Là où cesse pour ces volontés l'inclination naturelle qui nécessite, là commence le libre arbitre, la faculté de choisir entre plusieurs déterminations.

Il est vrai, Dieu, qui nécessite par la nature, n'abandonne pas non plus le libre arbitre à lui-même. Il le gouverne; mais Il le gouverne sans le détruire. Il conduit ses créatures selon la nature qu'Il a donnée à chacune. Ayant donné la liberté à l'homme, Il se doit et Il doit à la dignité de sa créature privilégiée, de la conduire d'une manière qui convienne au don qu'Il lui a fait. Si donc Il l'a laissée naturellement indifférente entre telle ou telle forme de société ou de pouvoir, ce n'est pas d'une indifférence purement passive, comme celle de l'esclave; mais c'est de cette indifférence active qui est le fond même de la liberté, et qui consiste, en ce qui concerne le pouvoir, dans la faculté de choisir, au moins de consentir tel ou tel gouvernement.

En conséquence, les peuples se sont attribué la faculté de prendre ou d'accepter à leur gré, les uns la monarchie, les autres l'aristocratie, d'autres la démocratie; de passer même d'une forme de gouvernement à une autre, sous la condition toutefois de se conformer à la conduite de la Providence et aux lois essentielles de toute société.

Quant à la part respective de la nature, des événements et du libre arbitre dans le concours pour la formation de la société et du pouvoir, nos pères s'occupaient peu d'en faire la délimitation. Il leur suffisait de savoir que, ce concours supposé, la société et le pouvoir se trouvaient constitués, Dieu l'ayant ainsi ordonné; si bien que même comme existants, ils étaient réputés de Dieu immédiatement.

Immédiatement, ai-je dit; je m'explique.

L'on admettait, sans doute, à la base de la société, une sorte de contrat, ayant pour effet de lier les particuliers, tant entre eux qu'avec le pouvoir gouvernant. Mais ce contrat ne liait en réalité, il ne créait de droits et de devoirs véritables, que par l'autorité de Dieu qui le ratifiait, en conséquence et par une application particulière de cette volonté générale, que la société et la souveraineté existent partout où plusieurs hommes sont d'accord régulièrement pour vivre en société.

Dans la pensée de nos pères, Dieu ne communique

pas d'abord la souveraineté à la multitude, pour que, s'en dessaisissant, elle la confère elle-même à un ou à plusieurs qui l'exercent en son nom. Le souverain, qu'il soit un ou plusieurs, est le ministre de Dieu même, son représentant, son mandataire, son délégué; il ne l'est pas de la multitude.

Et pourquoi Dieu aurait-il donné la souveraineté à la multitude s'il est vrai que la multitude est impuissante absolument à l'exercer? Dieu fait-il rien d'inutile?

L'on envisageait à peu près le contrat qui fait la société de la même manière que celui qui fait le mariage [1].

Naturellement, la femme doit prendre un mari; elle le doit sous peine de stérilité, sous peine de mourir tout entière et sans survivance, sous peine de ne pas obtenir la perfection de vie que le Créateur lui a destinée. Elle est libre pourtant de choisir entre les hommes celui qu'il lui convient d'avoir pour chef. Mais lui confère-t-elle, par la vertu du consentement au mariage, l'autorité qui fait le mari? Non, évidemment. L'homme est prédestiné par sa nature, à l'exclusion de la femme, à cette autorité; et le mariage venant à se faire par l'accord de tel homme et de telle femme à vivre en société, cet homme se trouve par le fait même investi du pouvoir marital, et cela en vertu de la volonté de Dieu qui l'a disposé ainsi.

1. La Parole de Dieu semblait autoriser ce rapprochement. Dans l'Ancien Testament, le Seigneur compare à une épouse le peuple juif, ce peuple dont Il daignait être le roi particulier. C'est sous ce même symbole du mariage que Jésus-Christ représente son union avec le peuple chrétien dont Il est le chef; et l'Eglise a consacré ce langage et ce symbole pour exprimer l'union de ses premiers pasteurs avec le troupeau confié à leurs soins.

De cette sorte, l'accord des parties contractantes, au lieu d'être cause efficiente, est simplement une condition, une cause occasionnelle, en vue de laquelle Dieu communique l'autorité.

« Le sentiment commun, dit Suarez, est que le pouvoir est donné immédiatement de Dieu, comme auteur de la nature, de sorte que les hommes disposent la matière et font le sujet qui est capable d'un tel pouvoir, et que Dieu ajoute la forme à cette matière, en donnant ce pouvoir à ce sujet. » (*De Legibus* lib. III, cap. III et IV).

L'Écriture sainte ne tient pas un autre langage : « C'est Dieu même qui a préposé à chaque nation son chef »[1].

Telle est, au reste, l'opinion que l'on avait de tous les contrats qui se font entre les hommes. Selon cette opinion, nul contrat n'engendre de droit ou de devoir, qu'en raison de la volonté générale de Dieu que les hommes puissent s'obliger de cette sorte. Je dis *s'obliger;* l'expression n'est pas rigoureusement exacte. Il n'est pas au pouvoir de l'homme de s'obliger lui-même ou d'obliger autrui. Dieu seul le peut faire et le fait. Sa volonté est le seul vrai nœud des contrats. Les contrats fournissent la matière voulue de Dieu; ils sont comme un signe auquel Dieu confère la chose signifiée, l'obligation, et ils demeurent ensuite comme un titre destiné à certifier, à authentiquer l'obligation consentie.

Le contrat social est donc simplement un titre, titre d'origine humaine, signe authentique que la souveraineté a commencé d'être, en vertu de la sanction divine.

1. « In unamquamque gentem præposuit rectorem (Deus). » (Eccli., XVII, 14.)

C'est un titre à l'instar des actes de vente, ou de mariage, ou de naissance. Le titre ne confère pas le droit, il l'atteste, il a force de preuve pour démontrer simplement qu'il existe.

Ainsi donc le pouvoir, d'après nos pères, était de Dieu, non seulement comme devant être, mais encore comme existant de fait, au moins quant à tous les droits qui lui sont essentiels, de la même manière que ce qui fait l'essence du mariage dans l'union de tel homme avec telle femme.

Le mariage a des modes divers suivant lesquels se fait la communauté domestique; ces modes sont de droit humain. De même, les formes accidentelles que la souveraineté peut affecter. Au droit divin naturel s'ajoute un droit humain positif; le second s'appuie sur le premier, et loin de le supplanter ou de l'annuler, c'est de lui qu'il emprunte tout ce qui le constitue comme droit. Ce droit positif est dit droit humain, non que l'homme le produise et lui confère la vertu d'obliger, mais parce que simplement l'homme en ce cas, fait appel à Dieu, à son autorité souveraine, laquelle fait seule le droit; en sorte que le droit humain ne vaut comme droit qu'autant que lui-même est de Dieu; c'est un droit divin sous une forme qui est de l'homme.

Il n'y a qu'un cas où le droit a pour source prochaine une volonté humaine, où il ne vient de Dieu que par l'intermédiaire ou le canal de l'homme; c'est le cas d'un inférieur investi par son supérieur d'un pouvoir à exercer son nom. Mais chaque fois qu'il s'agit du premier supérieur, que ce soit dans la famille, dans l'État, dans toute gradation de pouvoirs, l'autorité a pour source unique et directe la volonté souveraine de Dieu.

Ce principe admis, l'on conçoit quelles conséquences en étaient tirées :

Premièrement, supposé le contrat national ratifié par Dieu et la société constituée par l'institution du pouvoir souverain, il n'est plus permis à la multitude de se reprendre. Dieu a noué les parties contractantes ; elles ne peuvent se dégager elles-mêmes. « Ce que Dieu a uni, que l'homme ne le sépare point [1] ». Le lien social ne peut pas plus se rompre que le lien conjugal, en règle ordinaire du moins. Le maintien de la société, sa conservation et son salut, comme le maintien et la conservation de la famille, réclament cette indissolubilité. Une société, pas plus qu'une famille, ne saurait avoir le droit de se dissoudre, de se condamner à la mort. Il n'appartient qu'à Dieu d'ôter la vie, comme de la donner. La stabilité convient si bien à toute société, que le langage a consacré l'expression d'*État*, pour désigner l'ordre politique établi.

Nous ne voulons pas dire qu'on défendît à une société de modifier, selon les temps et les circonstances, ses formes politiques, de passer d'une forme moins parfaite à une plus parfaite, et même *vice versa*. Ces formes sont d'institution humaine, et, par conséquent, les hommes se croyaient le pouvoir de les changer. Oui, sans doute ; mais seulement de telle manière que la stabilité sociale ne fût pas gravement compromise ; condition sans laquelle on aurait cru porter atteinte à l'ordre voulu de Dieu.

C'est la raison de stabilité, nous l'avons dit, qui a incliné la généralité des peuples vers la monarchie hé-

1. « Quod Deus conjunxit, homo non separet. » (Matth., XIX, 6.)

réditaire. Dans ce système, la souveraineté devenait comme une sorte de propriété personnelle; elle constituait un droit des plus sacrés, dont la violation passait pour un crime spécialement énorme, flétri dans le langage d'une appellation particulièrement infamante, celle d'*usurpation*. Ce droit du monarque allait, pour les sujets, jusqu'au devoir de le défendre et de le venger au prix des plus grands sacrifices.

Au surplus, soit dans la monarchie, soit dans toute autre forme de gouvernement, à moins d'usurpation évidente, la possession prolongée du pouvoir valait titre. Pas plus pour la souveraineté que pour la propriété, pour le mariage ou pour les droits civils, il n'était besoin, à toute réquisition, de produire l'acte originel qui justifie le droit, et pour la souveraineté moins que pour tout autre droit; à raison des dangers nombreux et graves qui naîtraient de là pour l'ordre public; notamment quand il s'agit d'un gouvernement établi à la façon des coutumes, par une succession naturelle et spontanée d'événements. Une possession ainsi formée vaut mieux que tous les titres et tous les contrats; c'est la preuve la plus authentique et la plus péremptoire du droit. De là, l'autorité souveraine attribuée à la tradition.

Venons maintenant à une autre conséquence découlant spontanément de l'origine divine de la société et du pouvoir souverain, le culte publiquement rendu à Dieu.

Toute créature doit à Dieu, son auteur, l'hommage de sa dépendance nécessaire. La société et le pouvoir étant regardés comme un ouvrage de la main de Dieu, ils se tenaient naturellement pour obligés à ce devoir essentiel. De là, chez tous les peuples, l'obligation indiscutable d'un culte rendu en leur nom, et s'imposant avec autorité à tous les particuliers. En droit, sinon toujours en fait, ce devoir tenait le premier rang entre tous, et l'on ne pensait pas que rien pût en dispenser. L'État pourvoyait largement à tous les besoins de la religion et de ses ministres. Et non seulement il veillait à ce que les fonctions du culte public s'exerçassent avec la décence qu'elles requièrent; il se croyait encore obligé à faire en sorte que les particuliers s'acquittassent des devoirs qui leur incombent envers la Majesté suprême. Le même devoir s'imposait à tous ceux qui possédaient une supériorité quelconque, vis-à-vis de leurs inférieurs, clients, serviteurs, enfants. La raison naturelle réclamait impérieusement ce devoir, et donnait à sa nécessité l'éclat d'une évidence incontestable.

Et en effet, pourquoi la raison a-t-elle été donnée à l'homme? N'est-ce pas, par-dessus tout, pour reconnaître Celui qui est la *raison* première et dernière de toutes choses? Comment, sans cette connaissance, la raison peut-elle justifier son nom, et l'homme mériter d'être appelé l'*être raisonnable?* L'homme, par cela même qu'il a reçu la raison pour son apanage distinctif, est essentiellement et avant tout un être religieux. Il ne saurait, sous peine de cesser d'être homme, se passer de la connaissance de la Divinité, du moins à un degré quelconque.

Or, la société ayant précisément pour fin de mettre les hommes en état de l'être en vérité, il suivait de là rigoureusement que la première obligation de la société, comme son premier besoin, c'était la religion, et la religion sous la forme sociale et publique, en tant que moyen indispensable d'éducation et de vie religieuse pour les particuliers.

Ne faisons point une confusion qui facilement s'impose à nos esprits modernes. Nous nous défendons avec force d'en vouloir à la religion; nous en reconnaissons volontiers, nous en proclamons la nécessité. Mais de quel genre est cette nécessité que nous confessons, et d'où la faisons-nous dériver? Est-ce de l'autorité de Dieu sur sa créature? Nullement. Nous la déduisons uniquement de l'intérêt de l'homme, du besoin qu'a la société, pour se maintenir et prospérer, que ses membres se croient obligés par une autorité supérieure à observer ses lois. Dieu ne vient qu'après l'homme, comme subsidiairement, et dans la mesure du besoin de l'homme.

Quel affreux renversement de la justice! Bien autres étaient les pensées de nos pères. Avant tout ils cherchaient le règne de Dieu et lui rendaient ce qui lui est dû. Le reste ne venait que secondairement, assurés qu'ils étaient d'ailleurs que ce reste, c'est-à-dire leurs propres intérêts, trouverait dans cet ordre la satisfaction la meilleure.

Que la religion ainsi entendue ait tenu la première place dans la sollicitude du genre humain, c'est ce que nous apprennent ses annales. Il y a plus. Elles nous la montrent à l'origine de tous les peuples, soit anciens, soit modernes, présidant à leur berceau, les initiant à la vie sociale, et fournissant, avec les assises fondamentales de l'édifice, le ciment nécessaire à l'union de ses parties les plus essentielles.

Ici doit s'ouvrir notre troisième et dernier chapitre. Il faut descendre encore plus avant, et reconnaître, s'il est possible, les premières assises assignées par la Tradition à tout l'ordre social parmi les hommes. Ces assises, elle pensait les connaître, et c'est à leur lumière qu'elle croyait pouvoir résoudre avec assurance le problème si délicat, si agité, des rapports de la Religion et de l'État.

CHAPITRE III

Comment tous les peuples, et spécialement les peuples chrétiens, ont compris les rapports de la Religion et de l'État.

A l'origine des temps, le pouvoir religieux précède le pouvoir civil et lui sert de père et de guide. Leur union se maintient; mais le civil finit par prévaloir sur le religieux, et tous deux se corrompent et se ruinent. Jésus-Christ relève la religion. Il la confie à une société unique et perpétuelle, qui est l'Église catholique; et l'Eglise, après la chute de l'empire romain, relève la société civile, en qualité de mère et de maîtresse. Les deux puissances unies de nouveau, dans la subordination de la temporelle à la spirituelle.

« A l'origine de toutes les nations, le pouvoir religieux apparaît dans leurs annales, comme institué directement et immédiatement par la Divinité. Ces traditions fabuleuses étaient un souvenir de la révélation primitive, et des manifestations successives par lesquelles le Seigneur daigna instruire Lui-même les patriarches avant et après le déluge.

« D'après les mêmes traditions, toujours et partout c'est le pouvoir religieux qui engendre le pouvoir civil, et nulle part on ne voit celui-ci précéder l'autre et le former. De là vint qu'à l'origine c'est toujours le prêtre, l'interprète de la Divinité, qui est roi. Les deux pouvoirs sont unis sur sa tête; et, divisés aux degrés inférieurs des deux hiérarchies spirituelle et temporelle, ils se rejoignent au sommet. A mesure que les sociétés grandissent, la division devient de plus en plus marquée chez un grand nombre, jusqu'à se réaliser dans les personnes dépositaires de la puissance suprême... Néanmoins beaucoup de nations, tout en distinguant les charges et les titres, les conservèrent réunis dans une seule personne souveraine ; coutume qui avait surtout pour cause le respect de la religion, l'origine du pouvoir temporel qu'elle avait formé, et le désir de prévenir tout conflit entre les deux puissances, la nécessité de leur bonne harmonie étant une de ces vérités naturelles que le paganisme lui-même ne put effacer de l'esprit des hommes. Cette coutume eut pourtant un résultat contraire : peu à peu l'intérêt temporel et politique prévalant, on vit le pouvoir religieux s'amoindrir, s'effacer derrière le pouvoir civil, et si, à l'origine des nations, c'est toujours le pontife qui est roi, aux jours de leur décadence et de leur ruine c'est toujours le roi qui est pontife.

« Le genre humain avait fait une longue et cruelle expérience : Dieu lui avait donné les croyances et les préceptes nécessaires à son salut; mais Il lui avait laissé le soin d'organiser la société religieuse. Chaque nation l'avait fait à sa guise, et partout les croyances d'abord altérées, puis transformées, avaient fini par faire place aux plus monstrueuses erreurs; partout l'observance des préceptes divins, d'abord négligée, était violée, abolie par les pratiques les plus abominables ; partout le pouvoir spirituel, manquant à sa mission, était devenu l'apôtre de l'erreur et du vice ; et partout descendant à sa suite dans le même abîme, le pouvoir temporel, institué pour être le père et le pasteur des peuples, se faisait leur oppresseur et leur bourreau : plus de sacerdoce, plus de pouvoir, plus rien que la superstition et la tyrannie. Voilà où en était l'humanité quand Dieu lui envoya son Fils pour la relever de ses ruines... » (*L'Église et l'État* par Melchior Du Lac).

Jésus-Christ retira aux chefs des peuples le pouvoir sur la religion, qui leur avait été donné à l'origine. Il l'attribua à quelques-uns de ses disciples et à leurs successeurs dans la suite des siècles : « De même que mon Père m'a envoyé, leur dit-il, je vous envoie. Allez donc et instruisez toutes les nations, baptisez-les... et apprenez-leur à observer tout ce que je vous ai ordonné. Et voici que je suis avec vous tous les jours jusqu'à la consommation des siècles [1]. » Il remplaçait par une société unique et perpétuelle les sociétés religieuses des siècles passés, lesquelles variaient avec les nations, commençaient et finissaient avec elles. Cette société nouvelle est l'Église, dite catholique, parce qu'elle doit embrasser tous les peuples et tous les âges jusqu'à la fin du monde.

Jésus-Christ n'a pas touché à l'organisation civile et politique. Les hommes furent laissés libres, comme auparavant, de se constituer en nations séparées, sous des formes diverses et variables, en se conformant toutefois aux lois que Dieu leur a prescrites par la nature. Il n'y eut de nouveau pour eux que l'obligation de recourir à l'Église, pour rendre à Dieu les devoirs de la religion qui leur sont imposés. « Instruisez toutes les nations,

1. « Sicut misit me Pater, et Ego mitto vos. Euntes ergo docete omnes gentes, baptizantes eas... et docentes eos servare omnia quæcumque mandavi vobis. Et ecce Ego vobiscum sum omnibus diebûs usque ad consummationem sæculi. » Matth. XXVIII, 19, 20.

baptisez-les, et apprenez-leur à observer, etc. » Donc, plus de culte public légitime en dehors du culte rendu par l'Église catholique ; ce n'est que dans le sein de l'Église et par son ministère, qu'individus et peuples peuvent réaliser leur fin religieuse ; de même qu'autrefois chez les Juifs il n'y avait que la tribu de Lévi à exercer les fonctions du culte divin, au nom de toutes les autres.

Ainsi une nouvelle ère religieuse s'ouvrait pour le genre humain.

L'empire romain, en qui les sociétés anciennes s'étaient absorbées, disparut à son tour, et l'Église, restée seule debout au milieu des ruines du monde, se trouva en face d'éléments désordonnés, anciens et nouveaux, avec la charge de relever l'ordre social et de former d'autres nations.

L'Église ne faillit pas à cette tâche. Elle fut pour les sociétés nouvelles ce qu'au rapport des traditions antiques, la religion primitive avait été pour les premières nations ; elle les initia aux devoirs et aux droits de la vie civile et politique.

Pareillement aussi, les deux pouvoirs se trouvèrent souvent unis dans les mêmes mains, et c'est le pouvoir religieux qui toujours s'annexait les attributions propres du pouvoir civil.

Dès les premiers jours, les évêques se trouvèrent investis, au sein de la communauté chrétienne, d'une vraie magistrature temporelle. Saint Paul lui-même avait exhorté les fidèles à choisir entre eux des juges pour décider leurs différends. Les empereurs chrétiens, et après eux les conquérants barbares, ne firent pas difficulté de reconnaître, de protéger et d'étendre les pouvoirs séculiers dont les évêques étaient en possession, et cet ordre de choses demeura en vigueur durant tous ces longs siècles que l'on a nommés le Moyen-Age. L'on vit bien davantage. Cette magistrature des prélats de l'Église atteignit maintes fois les proportions d'une souveraineté véritable. La plupart des évêques et des abbés jouissaient de droits seigneuriaux fort étendus, et, au-dessus d'eux, les papes devinrent dans toute la force de l'expression, des souverains temporels pour une partie de l'Italie, et de véritables suzerains pour quelques royaumes.

Et de quelle manière se fit cette accession des droits propres du pouvoir temporel à l'autorité spirituelle? Est-ce par violence ou par surprise? Ce fut spontanément, et par le cours naturel des événements et des idées alors reçues, tant on jugeait désirable, légitime et nécessaire l'alliance des deux autorités et la subordination du temporel au spirituel.

L'on n'aurait cependant qu'une idée bien superficielle des sentiments professés par tous les siècles qui nous ont précédés, si l'on se bornait à cet aperçu rapide des faits. Il est nécessaire de descendre aux principes que ces faits recouvrent, et qui leur ont servi de fondement. Ces principes n'ont pas varié. Ils n'ont été qu'obscurcis et mélangés d'erreurs dans les derniers temps de l'antiquité. L'Évangile n'a fait que les remettre en lumière, et leur donner, avec une clarté nouvelle, une certitude plus ferme, et une application plus complète. C'est donc aux âges chrétiens que l'on doit de préférence demander ces doctrines, base constante et universelle des rapports de la Religion et de l'État.

Il ne saurait être question, au surplus, de faire un

traité sur la matière. L'auteur de ces lignes ne prétend en ceci qu'au rôle d'historien et il veut être court. Que si toutefois il paraît s'étendre outre mesure, il se permet de faire observer que c'est ici le point capital et décisif. C'est l'endroit où la nouveauté moderne s'est emportée avec le plus de colère contre les siècles passés. Quelle est donc cette doctrine devenue maintenant l'objet de tant de malédictions et d'anathèmes? Voudrait-on lui interdire jusqu'à la faculté de rappeler aux enfants ce qui fut la croyance tranquille de leurs pères?

L'exposé de cette doctrine demande naturellement à être divisé ainsi qu'il suit :

1° Des fins assignées à l'homme ; ordres, sociétés et puissances souveraines auxquels ces fins donnent lieu.

2° Dans quelle relation sont ces fins et ces puissances.

3° Quelques applications principales du système chrétien.

§ I. — FINS ASSIGNÉES A L'HOMME ET AUX PUISSANCES QUI LE RÉGISSENT.

1. *La fin naturelle de l'homme.* — Elle n'est autre que Dieu, mais Dieu envisagé dans ses œuvres de la création naturelle, Dieu connu, aimé loué et obéi par la lumière et l'amour naturels de la raison.

L'homme est fait pour connaître Dieu, L'aimer. Le servir, et par ce moyen obtenir la vie éternelle. C'est le premier mot de l'enseignement chrétien, basé d'ailleurs sur l'Écriture. « Honore Dieu et observe ses commandements, car c'est là tout l'homme. » « La vie éternelle consiste en ce que les hommes vous connaissent, vous, le seul vrai Dieu[1] ».

Il n'en est pas de l'homme comme des autres créatures de ce monde. Dieu leur a donné l'homme pour fin; Il s'est donné Lui-même pour fin à l'homme.

Et encore, Dieu est la fin de l'homme d'une manière bien supérieure à celle dont l'homme est la fin des créatures qui le servent. Ces créatures n'ont aucun avantage à prétendre pour elles-mêmes des services qu'elles rendent à l'homme. Ce sont de simples servantes qui disparaissent et perdent l'existence aussitôt que leur tâche est terminée. Pour elles, la fin équivaut à la cessation de l'être qui leur est propre. L'existence ne leur a été donnée que pour un temps, celui que doit durer le service qu'elles ont à rendre.

Quant à l'homme, en même temps qu'il est fait pour Dieu, il est fait aussi et surtout pour lui-même, en ce sens qu'au lieu de finir ou de cesser en atteignant sa fin, il y trouve un état permanent, l'achèvement de son être, le bonheur parfait qui lui convient.

Que telle soit la fin de l'homme, sa nature et celle des êtres qui l'entourent le disent clairement.

La nature de l'homme, ai-je dit, et celle des créatures, en d'autres termes, les aptitudes dont Dieu leur auteur les a dotés, aptitudes pour donner et pour recevoir, qui sont autant de destinations par rapport aux objets divers qui leur correspondent.

La nature propre d'un être se définit par celle de ses aptitudes qui tient le premier rang, et qui a pouvoir de

1. « Deum time, et mandata ejus observa; hoc est enim omnis homo. » (Eccle., XII, 13.) — « Hæc est vita æterna, ut cognoscant te solum Deum verum. » (Joan. XVII, 3.)

diriger les autres. Telle est la raison, entre les aptitudes ou facultés que possède l'homme. C'est par elle qu'il se distingue du reste des créatures, et qu'il l'emporte incomparablement sur celles de ce monde visible.

L'homme est une créature raisonnable, ce qui veut dire qu'il est capable de saisir les raisons des existences connues de lui, et spécialement la raison de sa propre existence; non seulement de saisir et de comprendre ces raisons, mais de régler sur elles sa manière d'être et de faire; de *raisonner* son existence et sa vie.

Et là, par suite, est la fin propre et essentielle de l'homme. La perfection qui lui convient, le bonheur plein que réclame son être consiste dans la satisfaction de sa raison, par l'ajustement complet et stable de son être et de sa vie avec les raisons de ce monde, au sein duquel il a été placé.

Or, entre ces raisons, il en est une qui est le principe des autres : la Raison divine, cause première et nécessaire de tout ce qui est.

C'est jusqu'à cette Raison éternelle que l'homme peut et doit remonter; et c'est, par conséquent, dans l'accord complet de sa raison avec cette Raison suprême qu'est la fin, la perfection, le repos, la béatitude que sa nature lui destine. Là est le terme auquel le conduisent toutes les créatures; là le terme vers lequel le poussent les instincts les plus intimes et les plus impérieux de son être.

Dieu lui-même a daigné entrer en commerce avec l'homme par le moyen des créatures. Par elles, la Puissance, la Sagesse, l'Amour, les Perfections infinies du Très-Haut se révèlent à l'homme avec un éclat magnifique. A ces avances divines, l'homme répond par l'hommage total de son esprit, de sa volonté, de son cœur. Et l'homme est si bien fait pour ce commerce avec son Dieu, qu'il y trouve de quoi contenter tous les besoins de son cœur.

II. *La fin surnaturelle de l'homme.* — C'est Dieu encore, mais considéré en Lui-même; Dieu connu, aimé, possédé, comme Lui-même se connaît, s'aime et se possède, dans sa propre lumière, par son propre amour, par la vertu de son propre Esprit. Cette fin dite en conséquence *spirituelle*, à la différence de la précédente qui est nommée *temporelle*. En vertu de cette fin, l'homme est élevé à la qualité d'enfant de Dieu.

De ces deux fins découle la religion, religion naturelle ou surnaturelle selon la fin à laquelle elle appartient.

La religion, telle est donc la fin de l'homme, sa fin temporelle comme sa fin spirituelle, et telle est pour lui la racine première de tout devoir et de tout droit.

La libéralité divine ne s'est pas arrêtée pour nous au bienfait de la fin naturelle. Dieu nous a destinés à une fin incomparablement plus excellente. Il nous a destinés à la fin qui Lui est propre à Lui-même. Il nous a faits pour Lui dans un sens infiniment plus relevé que celui que nous disions tout à l'heure.

Dieu est à Lui-même son propre bien d'une valeur infinie. Il se connaît, Il se possède, et, dans cette possession de soi-même, Il goûte une félicité sans bornes. Telle est la béatitude à laquelle Dieu a daigné associer l'homme. Non content de se faire voir et de se communiquer dans les œuvres de ses mains, Il a porté l'amour jusqu'à se faire voir et se donner en personne dans la réalité substantielle de sa divine essence.

L'amour que Dieu a pour soi-même s'appelle *Charité*, parce qu'il n'est rien qui vaille autant, aussi *cher* que la Bonté infinie qui est l'objet de cet amour.

Et, tel est l'amour dont Dieu nous aime. C'est une

Amitié ineffable, le propre de l'amitié étant de vouloir et de procurer à l'ami le bien qu'on se veut à soi-même, de lui faire part de tout ce que l'on possède, de tout avoir en commun avec lui, même ce qui nous appartient le plus en propre, notre volonté, notre cœur, et jusqu'à notre personne. C'est la société que Dieu a décidé de former avec l'homme.

Mais combien une société si intime avec Dieu surpasse les facultés de toute créature !

Entre l'homme et Dieu considéré comme cause des créatures, il y a une proportion, une correspondance fondée sur la nature de l'homme et celle des créatures. L'homme et les créatures ont reçu de leur Auteur, dans l'acte de leur création, ce qui leur est absolument nécessaire, aux créatures pour faire connaître aimer et servir Dieu, à l'homme pour entendre ce langage et y conformer sa vie. Mais de l'homme à Dieu pris en Lui-même et dans son Être propre, il existe un abîme infranchissable à toute nature créée, quelque parfaite qu'on la suppose. Cette seconde fin donnée à l'homme est donc surnaturelle. Et parce que c'est la fin de Dieu lui-même, consistant dans la connaissance et dans l'amour qu'Il a de son Être souverain, il est nécessaire que Dieu rende la créature qu'il daigne y élever, participante de cette connaissance et de cet amour ; participante, en conséquence, de sa nature divine elle-même.

C'est ce que Dieu fait par l'infusion de sa grâce, laquelle confère à l'homme un être nouveau, un être divin qui est pour sa fin divine ce que l'être naturel est pour sa fin humaine.

De même que la nature conduit l'homme à sa fin humaine par la lumière de la raison et par l'affection et le désir du bien que cette lumière lui découvre, ainsi la grâce le conduit à sa fin divine par la foi et par la charité, deux vertus infuses comme elle, qui le font participer à la connaissance et à l'amour dont Dieu se connaît et s'aime.

Ces divines infusions pénètrent et imprègnent l'homme tout entier, sans altérer toutefois sa nature propre ; elles l'élèvent, le transforment, le surnaturalisent, de manière à en faire une créature vraiment nouvelle, incomparablement supérieure en dignité et en puissance à ce qu'il est naturellement.

Elles sont pour l'homme ce qu'est la greffe pour le tronc sur lequel elle est entée, ce qu'est le rayon de soleil dans le cristal qu'il pénètre de sa lumière. Comme le fond de la nature humaine est la raison, le fond de son être surnaturel est la foi ; on dit le *fidèle*, de la même manière qu'on dit l'*homme raisonnable*.

La grâce, la foi, la charité sont communiquées à l'homme et répandues en lui par l'Esprit de Dieu, lequel se donne afin de mouvoir l'homme vers sa fin divine, par le moyen des vertus que nous venons de dire, et pour être, à l'égard de cette fin, ce qu'est notre propre esprit à l'égard de la fin naturelle.

Qui dit esprit, dit principe d'activité, de mouvement, de vie; vivre c'est se mouvoir vers sa fin.

De là donc, pour l'homme surnaturalisé, deux vies qui correspondent à ses deux fins, et qui procèdent des deux principes d'activité qui sont en lui, des deux amours qui le sollicitent, l'amour raisonnable et l'amour de charité.

L'un et l'autre de ces deux amours ont Dieu pour objet, et la perfection des deux est d'aimer Dieu par-dessus toutes choses, mais d'une manière bien différente.

L'amour naturel procède de la connaissance de Dieu comme cause des créatures, et connaître Dieu de cette sorte c'est Le connaître et L'apprécier d'après ses œuvres. La charité a pour origine la connaissance de Dieu considéré en Lui-même et dans son essence.

Il y a, par suite, entre ces deux amours de Dieu toute la distance qui sépare Dieu des créatures.

Dieu seul peut naturellement connaître et scruter le mystère insondable de son Être. Et c'est pourquoi Il donne à l'homme son propre Esprit, cet Esprit, dit saint Paul, « qui scrute toutes choses, même les profondeurs divines »[1].

De là vient que la fin surnaturelle est dite *spirituelle*, et que l'homme qui tend à cette fin est appelé *spirituel*.

De son côté, la fin naturelle est nommée *temporelle*, à raison du moyen qui lui est propre, à savoir, les créatures qui sont placées dans le temps et soumises à ses vicissitudes.

C'est l'amour qui donne le mouvement ; c'est l'amour qui fait vivre.

L'amour surnaturel ou la charité étant une participation de la charité divine, la vie qui en procède pour l'homme est elle-même une participation de la vie propre de Dieu, et l'homme qu'elle anime est avec fondement appelé enfant de Dieu.

Et comme c'est par la génération et par la naissance que se communique la vie, il est conforme au langage reçu de dire que cet homme est né de Dieu, et cette filiation l'autorise à prétendre à la félicité divine comme à un héritage.

1. « Spiritus qui omnia scrutatur, etiam profunda Dei. » (I. Cor. II, 10.)

Telle est donc la société infiniment noble dans laquelle l'homme est appelé à entrer avec son Dieu.

Dieu prévient l'homme jusqu'à vouloir être son père en toute vérité. Il est bien juste qu'à son tour l'homme entre, à l'égard de Dieu, dans les sentiments d'un fils pour son père et qu'il en observe tous les devoirs.

C'est le propre du père de vouloir le bien de son fils directement et simplement. C'est le propre du fils de chercher par-dessus tout l'honneur de son père. La réciprocité est essentielle.

Au reste cette relation mutuelle de Dieu et de l'homme n'existe pas seulement à raison de la fin surnaturelle ; elle existe déjà, bien qu'à un degré beaucoup moindre, à raison de la fin naturelle.

Cette relation a un nom qui lui est propre, celui de *religion;* religion qu'on peut appeler naturelle ou surnaturelle, selon le principe d'où on la fait dériver.

La religion portée à sa perfection, voilà donc ce qui constitue chacune des fins auxquelles l'homme est destiné; et tendre à cette religion parfaite, telle est la tâche à remplir par lui durant le temps qu'il passe en ce monde. « Crains Dieu, et observe ses commandements, car c'est là tout l'homme [1]. »

L'homme, par rapport à l'une ou à l'autre de ses destinations, n'est donc que *commencé*, il doit être *fini;* il n'est que *fait*, il faut qu'il devienne *parfait;* il est *heureux* déjà, il n'est pas encore *bienheureux*. Il est dans le chemin conduisant vers le *terme* qui doit le *terminer* et lui procurer un *repos* plein et parfait.

1. « Deum timeet mandata ejus observa; hoc est enim omnis homo. »
« Il faut former le cœur des enfants à la piété qui est le tout de l'homme. » (BOSSUET.)

S'il tend vers ce terme, s'il suit le vrai chemin, il vit d'une vie digne de ce nom.

La loi de sa vie c'est de marcher à la fin que son auteur lui a destinée, pour laquelle Il le conserve, vers laquelle Il le dirige. C'est là pour lui le *devoir*, la *justice*. Son *droit* consiste à ne pouvoir être empêché d'y tendre. Et cette loi, ce devoir, ce droit sont la racine et la raison essentielle de tout ce qui peut s'appeler de ce nom parmi les hommes.

Tel était l'enseignement de la tradition sur la destinée humaine. Voici les conséquences qu'elle en déduisait :

III. *Les deux ordres, le temporel et le spirituel, et les deux puissances qui leur sont préposées.* — A chaque fin correspondent un ordre, une société, une autorité suprême. Nécessité spéciale d'une société et d'une autorité pour la fin surnaturelle, et leur institution divine. Distinction essentielle des deux sociétés et de leurs puissances, tant du côté de leurs fins que du côté de leurs origines et de leurs moyens.

Dieu a fourni à l'homme les moyens nécessaires et convenables pour atteindre les fins pour lesquelles Il l'a fait.

A chacune de ces fins correspondent les moyens qui sont ordonnés pour elle ; ils composent avec elle ce qu'on appelle un *ordre*.

Il y a donc pour l'homme deux ordres principaux : l'ordre naturel ou temporel, et l'ordre surnaturel ou spirituel.

Or, entre les moyens donnés à l'homme en vue de ses fins, il faut mettre au premier rang la société, et dans la société, le pouvoir suprême : « La vie vertueuse, dit le Docteur angélique, telle est la fin de toute réunion d'hommes. Il faut penser de la fin de toute la multitude réunie, comme de la fin de chacun [1]. »

Le pouvoir suprême est le moyen souverain. Il est préposé à tous les autres, et il est chargé de les ordonner vers la fin commune, au moins de procurer ou protéger leur ordination vers les fins qui sont propres à chacun. C'est à lui de faire l'ordre et de le maintenir. En l'ordonnant, Dieu a voulu pourvoir à l'ordination de tout le reste ; ce qui fait que saint Paul lui applique en propre le terme d'*ordination :* « Celui qui résiste au pouvoir, résiste à l'ordination de Dieu [2]. »

Nous n'avons plus à dire comment la société ou le pouvoir suprême est nécessaire à l'homme pour sa fin naturelle, ni comment naît le pouvoir requis pour cette fin.

L'homme aurait-il moins besoin de ce secours pour sa fin surnaturelle? Non, évidemment. Des nécessités beaucoup plus pressantes le réclament.

Cette fin, et toutes les choses qui s'y rapportent, ne sauraient se deviner; elles échappent entièrement aux sens et à la raison : « L'œil de l'homme n'a point vu, son oreille n'a point entendu, son cœur n'a point compris, ce que Dieu a préparé à ceux qui l'aiment [3]. » Il faut la foi, et la foi a pour condition une parole qui fasse autorité dans une telle matière, une parole de Dieu même. « Comment les hommes invoqueront-ils celui en qui ils

1. « Virtuosa vita est congregationis humanæ finis. Idem judicium oportet esse de fine totius multitudinis et unius. » (S. Thom. *de Regim. Princip.* lib. I, cap. XIV.)

2. « Qui resistit potestati, Dei ordinationi resistit. » (S. Paul. Rom., c. XIII, v. 13.)

3. « Oculus non vidit, nec auris audivit, nec in cor hominis ascendit, quæ præparavit Deus iis qui diligunt illum. » (I *Cor.*, cap. II, v. 9.)

n'ont point cru? Ou comment croiront-ils celui qu'ils n'ont point entendu? Et comment entendront-ils, si personne ne parle? Mais comment parler si l'on n'est envoyé? La foi provient de ce que l'oreille entend, de ce qu'elle entend par la parole du Christ[1]. »

Cette fin est d'ailleurs obligatoire, et il n'est pas permis à l'homme de l'écarter; il doit y tendre de toutes ses forces. Mais comme Dieu l'a fait libre, il lui est possible de s'en détourner, de quitter la voie que Dieu lui a tracée, de se jeter hors de l'ordre. Cet égarement est facile, tant la notion des choses surnaturelles surpasse l'esprit humain. Il faut donc une autorité qui relève le défaillant, qui prévienne ou retranche le danger du scandale. C'est un des devoirs essentiels du pouvoir souverain de réprimer le mal et de le punir, et il n'y a pas de mal plus grave que celui qui fait manquer à l'homme sa fin surnaturelle.

Au surplus, Dieu a pris les devants. Lui-même a parlé dès le commencement, et fait connaître la fin à atteindre et les moyens à employer pour l'obtenir. Il a confié la garde de sa parole à des hommes choisis, qu'il a faits ses représentants. Il a redit sa parole d'âge en âge, par des envoyés qui l'ont rappelée, confirmée, développée. Il est venu enfin lui-même dans la personne de son fils, Notre-Seigneur Jésus-Christ, qui a restauré l'ordre spirituel et en a remis la charge et la dispensation à son Eglise.

Il y a donc une puissance spirituelle qui est préposée

1. « Quomodo invocabunt in quem non crediderunt? Aut quomodo credent ei quem non audierunt? Quomodo autem audient sine prædicante? Quomodo verò prædicabunt nisi mittantur?... Fides ex auditu, auditus autem per verbum Christi. » (Rom. x, 14, 17.)

à l'ordre spirituel, comme il y a une puissance temporelle chargée de présider à l'ordre temporel. Et ces puissances, il est impossible de les confondre. Tandis que Dieu a laissé à la nature le soin de former, d'engendrer, d'enfanter la société et la souveraineté temporelle, avec le concours des évènements et selon les circonstances de lieu, de temps et de personnes, Il a, Lui tout seul, et par un acte exprès, institué l'autorité spirituelle, et l'a préposée d'avance à tout ce qui est de l'ordre surnaturel. La volonté de Dieu, voilà le seul titre de cette souveraineté, à l'exclusion de toute intervention de la volonté humaine ou de la nature. Cette divine volonté est la source commune des deux autorités. Mais c'est, pour l'une, la volonté de Dieu opérant dans la nature humaine et lui faisant enfanter la société et le pouvoir; pour l'autre, c'est la volonté de Dieu agissant toute seule et indépendamment de tout concours ou consentement humain.

Du côté des moyens à mettre en œuvre par les deux puissances, la différence est aussi tranchée. Rien que de naturel et d'humain, au service de la puissance temporelle ; en d'autres termes, rien qui ne découle de la nature de l'homme ou qui surpasse la portée de sa raison et de son libre arbitre. Au contraire, ce qui distingue essentiellement les moyens dont dispose la puissance spirituelle, c'est qu'ils opèrent la grâce, la foi, la charité ; c'est qu'ils communiquent l'Esprit de Dieu ; toutes choses qui sont complètement en dehors et infiniment au-dessus de la nature.

Il y a donc, entre les deux ordres et les deux puissances, une différence essentielle, tant du côté de la fin que du côté de l'origine et des moyens.

Voilà ce qu'affirmait la Tradition sur les fins assignées à l'homme et sur les deux puissances chargées de l'y conduire. Et l'on peut voir déjà à quelle distance l'esprit moderne s'est placé de cette doctrine. Qu'est pour lui l'ordre surnaturel? Un inconnu, un étranger, bien plus, un ennemi avec lequel il voudrait n'avoir rien à démêler, qu'il s'efforce plutôt de proscrire entièrement de ce monde. Quant à l'ordre temporel, il le bouleverse de fond en comble, et il le ruine par la base, en niant que Dieu soit la fin naturelle de l'homme, et la religion, le premier devoir de la société.

Or, veut-on savoir la raison de cette inimitié de l'esprit moderne pour ces enseignements ? On la trouvera dans le développement que la Tradition donnait à sa doctrine. Ce premier paragraphe n'a fait que donner des prémisses. Le suivant va tirer les conséquences, relativement aux rapports dans lesquels doivent vivre les deux Puissances. Il ne suffit pas, en effet, de dire qu'elles existent l'une et l'autre, quelles sont distinctes par nature, et que chacune est souveraine dans son ordre. La Tradition doit ajouter ce quelle pensait de la relation qu'elles doivent garder entre elles. C'est là, le point décisif et difficile entre tous. Comment nos pères l'expliquaient-ils?

§ II. — DANS QUELLE RELATION SONT CES FINS ET CES PUISSANCES.

Ce paragraphe, à raison de son étendue, demande à être partagé. Voici d'ailleurs, pour aider l'attention du lecteur, les idées principales qui vont lui être proposées :

1° L'union nécessaire et la dépendance réciproque des deux ordres, fondées sur la volonté du Créateur. 2° Cette union brisée à l'origine ; conséquence de cette rupture pour l'ordre naturel. 3° L'union rétablie en Jésus-Christ ; l'Homme-Dieu l'a consacrée dans sa personne et rendue plus inviolable.

I. *Première institution.* — Les puissances ont le même auteur, qui est Dieu, et le même sujet, la conscience ; elles ne peuvent donc se combattre. L'unité que Dieu poursuit dans ses ouvrages, exige d'elles la concorde et l'union. Dieu les a créées unies, les ordonnant l'une pour l'autre, la temporelle pour la spirituelle, comme il créa la femme pour l'homme. Comment il a soudé le naturel au surnaturel ; analogie avec l'union de l'homme et de la femme dans le mariage, de l'âme et du corps dans l'homme, etc.

Si différents que l'on suppose le spirituel et le temporel, ils ont le même auteur. C'est Dieu qui les a créés ; c'est Dieu qui les conserve ; c'est Dieu qui leur continue, avec l'existence, les devoirs et les droits propres à chacun. Ils se doivent donc mutuellement honneur et respect, sans que jamais l'un puisse se permettre rien au préjudice de l'autre.

Les deux ordres et les deux puissances ont d'ailleurs le même sujet à régir, les mêmes hommes, les mêmes consciences. La conscience humaine est essentiellement une et simple ; impossible de lui demander qu'elle veuille et ne veuille pas, qu'elle obéisse et qu'elle n'obéisse pas tout à la fois et sur le même point. L'opposition des puissances impliquerait la négation de l'une d'elles ou la ruine de la conscience même.

Mais ce n'est pas assez que les deux puissances ne se combattent point ; ce n'est pas assez qu'elles se respectent et s'honorent. Elles doivent se concerter et s'entendre. La diversité que Dieu a mise dans ses œuvres n'en détruit pas l'unité. S'Il les veut si différentes, s'Il les conduit par des chemins si variés, Il ne laisse pas d'en former un tout harmonieux, l'*Univers*. Il n'en saurait être autrement des deux puissances ; d'autant qu'entre les créatures ce sont celles auxquelles Il communique le plus de son autorité, celles dont Il se sert comme d'agents principaux pour gouverner les autres. Les deux puissances sont, pour ainsi dire, les bras et les mains de Dieu dans le gouvernement des hommes. N'est-il pas pas évident qu'il leur est essentiel de vivre et d'agir de concert ?

Objectez-vous la différence des fins attribuées à ces puissances ?

En effet, en tout ordre des choses, c'est la fin qui est à considérer principalement ; la fin, c'est-à-dire l'intention de l'agent principal, le but qu'il se propose d'atteindre.

En instituant les deux ordres et leurs puissances, Dieu s'est proposé deux fins essentiellement distinctes, cela est vrai ; mais ces fins, Il les a unies dans sa pensée et les a rendues dépendantes l'une de l'autre ; dépendantes, toutefois, d'une manière bien inégale. L'une est la raison de l'autre et la précède dans le dessein de Dieu, et la seconde a suivi comme condition de la première.

Et qu'elle est cette fin que Dieu s'est proposée d'abord ?

C'est la fin surnaturelle. « Avant la constitution du monde. Il nous a choisis en Jésus-Christ pour que nous soyons saints et immaculés en sa présence et dans la charité »[1].

1. « Elegit nos in ipso (Christo) ante mundi constitutionem, ut essemus sancti et immaculati in conspectu ejus in caritate. » (Eph., I, 4, 5.)

Ce que Dieu a voulu premièrement, c'est de communiquer hors de Lui, de son Être propre, de sa propre Béatitude. De là le dessein de créatures capables de cette communication divine, de créatures qui, comme telles, auraient un être, une nature, une fin propres, infiniment éloignées de l'être et de la nature de Dieu.

Ainsi fait l'architecte. Il commence par concevoir l'idée et le plan d'un palais à bâtir; puis, il se met en quête d'un emplacement qui convienne. De même, le jardinier qui désire multiplier un fruit d'une saveur exquise; il prend d'abord une greffe, et ensuite il fait choix d'un sujet qu'elle puisse s'assimiler.

Quant à l'exécution du plan divin, saint Augustin dit quelque part : « Dieu créa la nature et il y ajouta la grâce [1]. » Saint Augustin a-t-il voulu dire que Dieu fit séparément la nature et la grâce; la nature d'abord, et la grâce ensuite? Nullement. Dieu a fait l'homme tout d'une pièce; Il l'a fait du même coup raisonnable et spirituel. « Il l'a créé, dit l'Écriture, dans la justice et dans la sainteté [2]. »

La Bible rapporte que Dieu, ayant fait Adam, dit : « Il n'est pas bon que l'homme reste seul; faisons-lui une aide qui lui ressemble. Et il tira Ève du côté d'Adam. L'ayant présentée à Adam, celui-ci dit : Voilà l'os de mes os et la chair de ma chair. C'est pourquoi, ajoute le Seigneur, l'homme quittera son père et sa mère, et il s'attachera à sa femme, et ils seront deux dans une seule chair. »

Il y a bien de la ressemblance entre la création d'Adam et d'Ève et celle de la nature et de la grâce.

1. « Deus condidit naturam, et addidit gratiam. »
2. « Creatus est in justitia et sanctitate veritatis. » (Eph., IV, 24.)

Adam, le plus noble, représente l'ordre surnaturel. Il est créé le premier, et Ève ne paraît que pour lui servir d'aide; mais, comme elle doit ressembler à Adam, elle est tirée de lui. Ils ne doivent former qu'un dans l'intention de Dieu, en sorte que l'homme complet, c'est l'homme et la femme. Il y a eu intervalle entre la création d'Adam et la création d'Ève, et, sur ce point, la ressemblance dont nous parlons ferait défaut. Mais cette différence, le texte sacré semble prendre à tâche de l'effacer en disant que Dieu créa l'homme *homme et femme, masculum et feminam creavit eos.* (Gen. I, 27. Matt. XIX, 4, 5, 6.)

C'est ainsi que, comme Ève a été faite en vue d'Adam, pour lui aider, et que, devant lui être semblable, elle a été tirée de lui, l'ordre de raison a été fait en vue de l'ordre de foi, non à titre de serviteur ni comme égal, mais plutôt de manière à faire société avec lui; de là une similitude nécessaire; de là aussi, pour la nature, une sorte d'extraction du sein de la grâce, extraction entendue en ce sens que l'idée et le plan de la grâce a enfanté l'idée et le plan de la nature. De là, enfin, pour l'homme complet, tel que Dieu l'a voulu et l'a fait, la raison et la grâce, les deux fins, les deux ordres, réunis et soudés ensemble, jusqu'à ne faire qu'un tout indivisible, un ordre unique.

Et quel est le point de jonction? La tradition le désignait nettement. Nos ancêtres n'ont jamais eu l'idée d'une religion naturelle pouvant subsister en vertu d'un droit propre à la nature, comme on s'est complu à l'imaginer depuis deux siècles. Tout ce qui est de la religion, naturel ou surnaturel, passait pour être du domaine exclusif de l'ordre surnaturel, à raison d'une volonté expresse de Dieu. Sans doute, la raison a pour fin essentielle la religion, je veux dire, une religion rationnelle, et cette religion est l'âme, le cœur, la tête de l'ordre naturel; d'où il résulte, qu'à moins d'une intervention positive de Dieu, cette religion est de la juridiction de l'ordre rationnel. Mais c'est là, justement, que Dieu a interposé sa volonté souveraine, et qu'enlevant, pour ainsi dire, à l'ordre naturel, ce qui fait sa tête et son cœur, il l'a transféré dans le domaine de l'ordre surnaturel, et l'a inféodé, en quelque façon, à la religion propre de cet ordre. Et de là vient que l'appellation de *religieuse* est appropriée exclusivement à la fin et à l'autorité spirituelles.

Mais n'est-ce pas là, direz-vous, confondre des choses dont on avait d'abord reconnu la distinction comme nécessaire? N'est-ce pas mutiler l'ordre naturel jusqu'à le décapiter? N'est-ce pas lui enlever sa fin propre, sa raison d'être, et, par une suite nécessaire, lui ôter l'existence?

La Tradition ne l'entendait pas ainsi. L'ordre naturel garde sa fin propre, mais à la condition, pour celle-ci, de subsister au sein de l'ordre et de la fin surnaturels. Il en est des deux fins et des deux ordres dans l'ordre humain, comme de la greffe et de son sujet dans l'arbre, comme de l'homme et de la femme dans le mariage, comme de l'âme et du corps dans la nature humaine, comme de la matière et de la forme dans les sacrements, comme enfin de la nature divine et de la nature humaine dans l'Homme-Dieu. L'union est plus ou moins parfaite; mais, si parfaite qu'on la suppose, elle ne détruit pas la distinction. Il y a unité, soit morale, soit physique, de subsistance ou de personne ; et néanmoins, les substances ou les natures demeurent réellement distinctes, et elles conservent les propriétés et la vie qui leur appartiennent.

Il s'en faut donc, ajoutait la Tradition, que Dieu ait amoindri la nature, qu'Il l'ait découronnée. Ce qu'elle perd en droit et en autorité, elle le regagne au centuple en dignité, en vigueur, en fécondité. La plante se plaint-elle d'avoir échangé sa tête contre celle de la greffe? La femme qui prend un époux, ne trouve-t-elle pas en lui de quoi se dédommager amplement du sacrifice de sa liberté? Et, quels termes employer pour exprimer les avantages que notre corps, la matière, notre humanité tirent de la société qui leur est faite dans notre nature, dans les sacrements, dans le mystère de l'Incarnation? Or, telle est l'union des deux fins et des deux ordres par l'institution divine.

Mais, est-il donc impossible de concevoir que les deux ordres se désunissent et subsistent séparément? — Impossible; aussi impossible que de concevoir l'espèce humaine, si vous séparez l'homme de la femme. L'homme, l'ordre humain demandent, pour exister tels que Dieu les a faits et les veut, que la nature et la grâce demeurent unis : « Que l'homme ne sépare pas ce que Dieu a uni. »[1]

II. *Chute originelle.* — Infirmité de la nature humaine depuis sa déchéance de l'état surnaturel, et son insuffisance à obtenir sa fin propre par ses seules forces. Citation de Bossuet. Dieu est perdu pour l'homme déchu. La grâce est pour la nature ce que le soleil est pour la terre.

Vous faites observer que, présentement, nous naissons sans la grâce, avec la nature toute seule; que

1. « Quod Deus conjunxit, homo non separet. »

presque tous les hommes avant Jésus-Christ sont restés étrangers à la foi, et que la plupart sont encore réduits à l'état purement naturel, depuis l'ère chrétienne. Soit; « mais il n'en fut pas ainsi au commencement du monde[1]. » La situation présente est contre la volonté de Dieu; elle est l'effet du *péché*, et elle-même est appelée le *péché de la nature;* c'est-à-dire, qu'en cet état, la nature manque à sa loi et à sa fin nécessaires, à celles que son auteur lui a données en la créant et qu'il lui continue toujours.

Et de fait, quelle est cette nature que nous recevons en naissant? Est-ce une nature intègre et capable de suffire à la fin qui lui est propre? Est-elle efficacement ordonnée vers cette fin? Non. Elle est réduite à la condition d'un sauvageon, qui ne peut de lui-même produire des fruits bons à manger. C'est une nature ébréchée, infirme, impuissante, en fait, à connaître et à observer toutes les vérités et tous les devoirs qui appartiennent à son domaine et que requiert la perfection rationnelle qui est sa fin, à savoir la connaissance et l'amour parfaits de Dieu. « Cieux, écoutez, s'écrie le Prophète, et toi, terre, prête l'oreille, parce que Dieu a parlé. J'ai nourri et exalté des fils, mais eux m'ont méprisé. Le bœuf a reconnu son maître, mais Israël ne m'a pas reconnu. Toute tête est faible et tout cœur est affligé. Depuis la plante des pieds jusqu'au sommet de la tête, rien en lui n'est sain. »[2] « Du haut du ciel le Seigneur a fixé ses regards sur les enfants des hommes pour voir si quel-

1. « Ab initio non fuit sic. » (Matth., XIX, 8.)

2. « Audite, cœli, et auribus percipe, terra, quoniam Deus locutus est : filios enutrivi et exaltavi, ipsi autem spreverunt me. Cognovit bos possessorem suum ; Israel autem me non cognovit... Omne caput languidum, et omne cor mœrens. A planta pedis usque ad verticem non est in eo sanitas. » (Is., I, 2, 3, 6.)

qu'un est intelligent ou s'il recherche le Seigneur. Tous ont dévié du chemin et se sont rendus inutiles. Ils se sont corrompus et rendus abominables dans leurs pensées. »[1]

Faut-il rappeler les erreurs graves et les vices honteux qui déshonorèrent les sages les plus vantés de l'antiquité?[2]

Bossuet ne connaissait pas de termes assez forts pour décrire « les langueurs mortelles qui nous accablent « depuis la chute du premier père, dans lequel, comme « dans la tige du genre humain, toute la race a été gâtée « par une corruption générale. » Puisque nous sommes des créatures intelligentes, « il est sans doute, dit-il, « que nos actions devraient être conduites par la rai« son. Or, il n'y a rien de plus raisonnable que de con« sacrer tout ce que nous sommes à Celui dont la libé« ralité nous a enrichis, et partant, notre inclination « naturelle devait être d'aimer et de servir Dieu. C'est « à quoi tout homme devait conspirer. D'où, passant « outre, je dis que les sens étant inférieurs à l'intelli« gence, il fallait aussi que les biens sensibles le cédas« sent aux biens de l'esprit; et ainsi, pour mettre les « choses dans un bon ordre, les affections de l'homme « devaient être tellement disposées, que l'esprit dominât « sur le corps, que la raison l'emportât sur les sens, et « que le Créateur fût préféré à la créature. Vous voyez « bien qu'il n'y a rien de plus juste; et, si la nature

1. » Dominus de cœlo prospexit super filios hominum, ut videat si est intelligens aut requirens Dominum. Omnes declinaverunt, simul, inutiles facti sunt..., corrupti sunt et abominabiles facti sunt in studiis suis. » (Ps. xi.)

2. Voy. *Épître aux Romains*, I.

« humaine était droite, telles devraient être ses inclina-
« tions.

« Mais, ô Dieu ! que nous en sommes bien éloignés ! « et que cette belle disposition est étrangement per- « vertie, puisque, par le désordre de notre péché, nos « inclinations naturelles se sont tournées aux objets « contraires ! Car, certainement, la plupart des hommes « suivent l'inclination naturelle. Or, il n'est pas difficile « de voir qu'est-ce qui domine le plus dans le monde. « La première vue, n'est-il pas vrai? c'est qu'il n'y a « que les sens qui règnent, que la raison est opprimée « et éteinte ; elle n'est écoutée qu'autant qu'elle favo- « rise les passions ; nous n'avons d'attachement qu'à « la créature ; et, si nous suivions le cours de nos mou- « vements, nous en viendrions bientôt à oublier Dieu. »

(Bossuet, 1er *Sermon pour la Pentecôte.*)

Bossuet nous montre, au même endroit, « l'étrange « débordement de notre nature » dans l'idolâtrie qui avait infecté toute la terre. « Il est très certain, dit-il, « que l'idolâtrie n'avait rien laissé d'entier sur la terre. « C'était le crime du genre humain. » Et il conclut : « Tant il est vrai que le genre humain, par le vice de « son origine, est devenu enclin naturellement à mé- « priser Dieu ; voyez-le par une expérience universelle. « Et d'où vient cette inclination naturelle, si contraire « à notre première institution, sinon de la contagion « du premier péché, par lequel la source des hommes « étant infectée, la corruption nous est passée en na- « ture. » (*Ibid.*)[1]

1. Joseph de Maistre a dit aussi : « Plus la raison humaine se con-

Le Seigneur en avait fait la menace à notre premier père : « Si tu es infidèle, avait dit le Seigneur à Adam, tu mourras de mort. » Point de distinction : la vie naturelle devait cesser pour le prévaricateur, aussi bien que la vie surnaturelle, et la perte de l'une entraînait celle de l'autre. De là vient que la grâce est appelée d'une manière absolue, la *vie*, le *salut*, et que sa perte est nommée, en termes aussi absolus, des noms de *perdition* et de *mort*.

Vivre, nous l'avons dit, c'est se mouvoir vers sa fin ; et, isolée de la grâce, la raison humaine est ainsi faite qu'elle ne peut tendre à sa fin de manière à l'atteindre. L'ordre naturel n'existe plus comme ordre formé ; il est dans le désarroi, et il ne lui est pas donné de se refaire lui-même. Au lieu de l'ordre, c'est l'absence de l'ordre ; c'est le désordre. L'idolâtrie païenne ou l'athéisme moderne, tel est l'écueil où devait échouer inévitablement notre nature. Dieu est perdu pour l'homme déchu.

La chose est donc évidente ; Dieu veut l'union indissoluble des deux ordres et leur dépendance mutuelle. A la nature de fournir la matière ; à la grâce d'ajouter la forme, la fécondité et la vie. Celle-ci est pour celle-là ce que le soleil est pour la terre. La terre contient

« fie en elle-même, plus elle cherche à tirer tous ses moyens d'elle-« même, et plus elle est absurde, plus elle montre son impuissance. « Voilà pourquoi le plus grand fléau de l'univers a toujours été, dans « tous les siècles, ce qu'on appelle *philosophie*, attendu que la philoso-« phie n'est que la raison humaine agissant toute seule, et que la rai-« son humaine, réduite à ses forces individuelles, n'est qu'une brute « dont toute la puissance se réduit à détruire. »

(*Étude sur la Souveraineté*, p. 227)

des germes, avec une certaine vertu propre à les faire fructifier. Mais cette vertu reste latente et inerte, ces germes demeurent sans vie, si le soleil ne les féconde par sa chaleur vivifiante.

Dieu veut l'union des deux ordres à tel point, que Lui-même est venu parmi les hommes pour la renouer dans la personne de son fils, Jésus-Christ Notre-Seigneur.

III. *Rédemption, ou l'union renouée et merveilleusement rehaussée dans Jésus-Christ.* — Le Verbe de Dieu, principe ou premier commencement de toute chose. Méconnu du monde ancien, Il s'est manifesté en se faisant homme et Il s'est posé à nouveau, comme principe, au sein de l'humanité, pour la restaurer en la rattachant à Dieu. Dieu et homme tout ensemble, Jésus-Christ a toute plénitude, naturelle et surnaturelle. A raison de cette double plénitude, Il est la source et la tête des deux ordres, et Il les tient unis indissolublement dans l'unité de sa Personne divine. Cette union, la plus parfaite qui se conçoive, est le modèle nécessaire et l'immuable fondement de celle que la nature et la grâce doivent garder parmi les hommes. De là *l'ordre chrétien*, le seul ordre digne de ce nom.

« Que de choses grandes seraient à dire du divin Médiateur, et qui peut expliquer ses mystérieuses excellences ! » [1]

Nous recherchons les principes sur lesquels reposent les choses humaines. Or, voici Celui que les siècles chrétiens affirmaient comme la base première et nécessaire de tout l'édifice. « Dieu, disaient-ils après l'Apôtre, a tout fondé dans le Christ, les choses du ciel et celles de la terre ; toutes ont été créées par le Christ et dans le Christ. Il est avant toutes créatures. Il donne à toutes leur solidité. Il est le principe. Il a la primauté en tout et sur tout. Il est le chef de toute Église, et toute Église est son corps et sa plénitude ; car c'est

1. « De quo nobis grandis sermo et ininterpretabilis ad dicendum. » (Hebr., v, 11.)

Lui qui se complète en toute chose, comme toute chose se complète en Lui. En Lui est et demeure toute plénitude [1].

« Nul ne peut poser de fondement autre que Lui, et Il n'y a pas d'autre nom sous le ciel en la vertu duquel nous devions être sauvés ». [2]

L'Ecriture ne divise pas Jésus-Christ; [3] elle voit en Lui « le Verbe qui était au commencement, comme Dieu, créateur de toutes choses, qui était la vie et la lumière des hommes dès l'origine. Il est aujourd'hui; Il était hier, et Il sera dans tous les siècles, comme Verbe. Il était la vraie lumière qui illumine tout homme venant en ce monde, la raison humaine étant une empreinte de sa face. Mais les ténèbres avaient prévalu parmi les hommes; ils devinrent ténèbres, et ils ne comprirent pas la lumière. Le monde méconnut le Verbe qui l'a fait, qui était en lui, le soutenant de sa puissance. Le Verbe était dans le monde, comme dans sa propre maison, et les siens ne L'ont pas reconnu. Enfin le Verbe se fit chair, Il habita visiblement parmi les hommes,

1. In Ipso condita sunt universa in cœlis et in terra. Omnia per Ipsum et in Ipso creata sunt. Ipse est antè omnes, et omnia in Ipso constant. Et Ipse est caput corporis Ecclesiæ, qui est principium... ut sit in omnibus Ipse primatum tenens. Quia in Ipso complacuit omnem plenitudinem inhabitare, et per Eum reconciliare omnia in Ipsum, pacificans per sanguinem crucis Ejus, sive quæ in terris, sive quæ in cœlis sunt. » (Col., I, 16 *et seq.*)

« Ipsum dedit caput suprà omnem Ecclesiam; quæ est corpus Ipsius et plenitudo Ejus, qui omnia in omnibus adimpletur. » (Eph., I, 22.)

2. « Fundamentum aliud nemo potest ponere præter id quod positum est, quod est Christus Jesus. » (I Cor., III, 11.)

« Non est in alio aliquo salus; nec enim aliud nomen est sub cœlo datum hominibus in quo oporteat nos salvos fieri. » (Act., IV. 12.)

3. « Divisus est Christus? » (I Cor., I, 13.)

« Omnis spiritus qui solvit Jesum, ex Deo non est. » (I Jo., III, 8.)

plein de grâce et de vérité ; Et nous avons tous reçu de sa plénitude. »[1]

C'est l'antique et primordial principe qui se pose à nouveau, au cœur de l'humanité, pour restaurer toute chose, en rapprochant, en ramenant à l'union ce qui était divisé, Dieu et l'homme, la grâce et la nature, la foi et la raison.[2]

« Les hommes avaient perdu Dieu, ils étaient loin de Lui. L'Homme-Dieu s'est fait leur pacificateur dans son sang; Dieu s'est réconcilié les hommes et a renversé par Lui le mur de division élevé par le péché. En Jésus-Christ, les deux ordres ont retrouvé l'union, et refait l'homme en lui rendant l'unité.[3] Il est la pierre angulaire qui fait de deux murs un seul. Voici, dit le Seigneur, que je pose dans Sion la grande pierre de l'angle, pierre choisie, pierre précieuse. C'est sur elle que toute construction s'élève, de manière à former un temple saint au Seigneur. Il est vrai, les hommes, ou plutôt

1. « In principio erat Verbum... Deus erat Verbum. Omnia per Ipsum facta sunt... In Ipso vita erat, et vita erat lux hominum. Et lux in tenebris lucet et tenebræ eam non comprehenderunt. In mundo erat, et mundus per Ipsum factus est, et mundus Eum non cognovit. In propria venit et sui Eum non receperunt. Et Verbum caro factum est, et habitavit in nobis... plenum gratiæ et veritatis. Et de plenitudine Ejus nos omnes accepimus. » (Jo., I, 1 *et seq.*)

« Christus heri et hodiè ; Ipse et in sæcula. » (Hebr. XIII, 8.)

« Signatum est super nos lumen vultûs tui, Domine. » (Ps. IV.)

« Portans omnia verbo virtutis suæ. » (Hebr., I, 8)

2. « Instaurare omnia in Christo. » (Eph., I, 10.)

3. « Eratis illo in tempore... sine Deo in hoc mundo. » (Eph., II, 12.)

« Tenebris obscuratum habentes intellectum, alienati a vita Dei ; per ignorantiam quæ est in illis, propter cœcitatem cordis ipsorum, qui desperantes, simul ipsos tradiderunt impudicitiæ. » (Eph., IV, 18.)

« Ipse est pax nostra, qui fecit utraque unum, et medium parietem maceriæ solvens, inimicitias in carne sua... ut duos condat in semetipso in unum novum hominem, faciens pacem, et reconciliet ambos in uno corpore. » (Eph., II, 14 *et seq.*)

leurs princes et leurs sages, n'ont pas voulu de cette pierre pour fondement; ils l'ont rejetée dès le premier jour du monde ; ils l'ont rejetée aussi au jour de la réparation. La pierre que les architectes ont rejetée, a été faite la tête de l'angle ; c'est le Seigneur qui l'a ainsi voulu. Quiconque se heurtera contre cette pierre se brisera, et celui sur qui elle tombera sera broyé ». [1]

« Oui, comme tous sont morts en Adam, tous recouvrent la vie en Jésus-Christ. Et il faut que Jésus-Christ règne jusqu'à ce qu'Il mette tous ses ennemis sous ses pieds. Tout lui a été soumis [2]. « Comme Il s'est anéanti, ayant obéi jusqu'à la mort de la croix, son Père l'a exalté et Lui a donné un nom au-dessus de tout nom, en sorte que tout genou fléchisse devant Lui [3]. Il est le prince des rois de la terre. A Lui la gloire et l'empire dans tous les siècles des siècles. » [4]

Les âges de foi étaient pénétrés de ce divin enseigne-

1. « Ecce pono in Sion lapidem summum angularem, electum, pretiosum... Lapidem vivum, ab hominibus quidem reprobatum, a Deo autem electum et honorificatum. » (I Petr., II, 4 *et seq.*)

« Superædificati... ipso summo angulari lapide Christo Jesu, in quo omnis ædificatio constructa crescit in templum sanctum in Domino. » (Eph., II, 20.)

« Lapidem quem reprobaverunt ædificantes, hic factus est in caput anguli: à Domino factum est istud, et est mirabile in oculis nostris... Et qui ceciderit super lapidem istum confringetur ; super quem vero ceciderit, conteret eum. » (Matth., XXI, 42, 44.)

2. « Sicut in Adam omnes moriuntur, ità in Christo omnes vivificabuntur... Oportet autem Illum regnare, donec ponat omnes inimicos sub pedibus Ejus... Quum autem subjecta fuerint Illi omnia, tunc et Ipse Filius subjectus erit Ei qui subjecit sibi omnia, ut sit Deus omnia in omnibus. » (I Cor., XV, 22 *et seq.*)

3. « Semetipsum exinanivit..., factus obediens usque ad mortem, mortem autem crucis. Propter quod et Deus exaltavit Eum, et donavit Illi nomen quod est super omne nomen, ut in nomine Jesu omne genu flectatur cœlestium, terrestrium et infernorum. » (Phil., II, 7, 9.)

4. « Princeps regum terræ... Ipsi gloria et imperium in sæcula sæculorum. » (Apoc., I, 5, 6.)

ment sur les prérogatives du Christ. Ils se gardaient d'y introduire des distinctions, des limitations, des exceptions que les saintes Lettres semblent avoir voulu prévenir, tant leur langage a d'étendue. Ils prenaient garde de mutiler, ou de diviser Jésus-Christ[1]. Ils voyaient en Lui le fondement de l'ordre naturel, comme de l'ordre surnaturel. Il est le Verbe, un même Dieu avec son Père, et en Lui le principe incréé de tout le créé. En se faisant homme, Il n'a rien perdu ; Il n'a fait que communiquer à la nature humaine qu'Il s'est unie, les prérogatives de sa divinité. Il a donné, en conséquence, à son Humanité, d'être, en Lui, le fondement nécessaire de l'ordre naturel, comme de l'ordre surnaturel. C'est le même qui est, à la fois, Dieu parfait et homme parfait, le même qui, en cette double qualité, est chef et fondement des deux ordres. D'où il suit qu'en Lui ils sont unis de l'union la plus étroite, et la plus ferme, qui soit après celle des Personnes divines.

Dans le mariage, il n'y a qu'unité morale des personnes entre les époux; et la mort n'est pas seule à pouvoir détruire l'union. L'union de l'âme et du corps dans la nature humaine va jusqu'à l'unité physique de personne, et il n'y a que la mort à briser le lien. L'union des deux natures en Jésus-Christ est non seulement personnelle, au sens strict; la personne qui les unit étant divine, nulle puissance ne peut les séparer. L'union est indissoluble absolument, et la mort même n'a pu la rompre. — Et telle est, par suite, l'union des deux ordres en Jésus-Christ, chacun d'eux s'actualisant, de la manière la plus complète, dans chacune des natures de l'Homme-Dieu. Telle l'union qui a été faite la source unique

1. « Omnis spiritus qui solvit Jesum, ex Deo non est. » (I Joan., III, 8.)

d'où ils doivent découler parmi les hommes, l'unique tête de laquelle ils doivent tenir l'être, le mouvement et la vie.

Grande est donc la supériorité de Jésus-Christ sur Adam, comme fondement de l'union des deux ordres. Adam avait été lui-même donné pour tête au genre humain ; il avait reçu, lui aussi, une double plénitude de nature et de grâce, dont il devait faire communication à sa postérité. Mais, quelque grande que fût sa participation à la nature divine par la grâce, Adam n'était qu'un homme, et par la nature, et par la personne. N'ayant pas la nature divine en propre, il lui était possible de s'en détacher, en perdant la communication qui lui en était faite, de se voir réduit à sa propre nature, de déchoir de la haute situation où Dieu l'avait élevé par la grâce. Mais en Jésus-Christ il n'y a de l'homme que la nature ; cette nature humaine a pour personne une personne divine. C'est Dieu même qui, dans la personne du Verbe, s'approprie une nature humaine et la fait sienne, et, en échange, lui donne en propre sa divinité. C'est un homme qui est Dieu, Dieu véritable et selon toute la force de l'expression. Impossible donc qu'en Jésus-Christ la nature humaine se détache de la nature divine. Le Verbe ne peut permettre que son humanité déroge à l'alliance qu'Il a faite avec elle. Il ne peut la répudier. Jésus-Christ était hier comme Verbe éternel, il est aujourd'hui comme Verbe incarné, comme Homme-Dieu. Il vit et règne dans les siècles des siècles.

Telle est donc l'union des natures, et, conséquemment, celle des ordres en Jésus-Christ. Elle ne saurait être ni plus étroite, ni plus ferme.

Unis à ce point dans leur principe et leur chef, comment leur serait-il permis de se diviser parmi les hommes? Leur division, c'est leur ruine, et, c'est précisément pour les arracher à ce mal, c'est pour les empêcher d'y retomber, c'est pour ôter le péché du monde [1], que Jésus-Christ s'est fait leur trait d'union. « Lorsque je serai « élevé de terre, j'attirerai tout à moi. [2] »

Est-ce à dire que, hors de Jésus-Christ, l'union de la nature et de la grâce doive ou puisse atteindre la même perfection? Et quand cela serait, ne craignez point pour leur distinction. Cette distinction est complètement sauve en Jésus-Christ, nonobstant l'unité de la personne. Dieu et l'homme gardent leurs natures et opèrent par elles des opérations propres à chacune, avec une liberté et une spontanéité parfaites. C'est un mystère, il est vrai; mais un mystère de la foi catholique.

Au surplus, il est manifeste que l'union hypostatique des deux ordres n'est possible qu'en Jésus-Christ; Jésus-Christ est le seul en qui l'ordre divin rencontre une personne qui est de la même dignité, une personne divine; et il répugnerait absolument à cet ordre de tenir sa subsistance de la nature humaine, qui lui est inférieure à tel point. L'union hypostatique n'est réalisable que par une personne divine. Partout où la personne humaine demeure, partout où la nature créée reste et doit rester en possession de sa personnalité, il est clair que l'union personnelle des ordres est impossible.

Mais s'il est vrai que cette union personnelle est et doit rester unique en Jésus-Christ, il n'en demeure pas moins qu'elle n'a cette perfection et cette fermeté indes-

1. « Ecce qui tollit peccatum mundi. » (Joan., I, 29).

2. « Et ego si exaltatus fuero a terra, omnia traham ad meipsum. » (Joan. XII, 32.)

tructible en Jésus-Christ, que pour être le fondement, la forme, le modèle et le lien essentiel de l'union que les deux ordres doivent garder entre eux partout ailleurs. Ils ne peuvent s'unir nulle part, ils ne peuvent être par conséquent qu'en Jésus-Christ et par Jésus-Christ. Ainsi unis, ils forment l'ordre *chrétien*, lequel est, en conséquence, le seul ordre digne de ce nom, comme il est le seul qui donne à l'ordre naturel, et à l'ordre surnaturel, le pouvoir de se réaliser parmi les hommes.

Telle était la doctrine de nos pères sur le fondement commun des deux ordres et sur la nécessité de leur union.

Or, cette doctrine ne restait pas à l'état de pure théorie; elle dominait tout, elle inspirait et éclairait tout, descendant jusqu'aux détails de la vie humaine. Surtout, elle déterminait les relations des sociétés et des puissances chargées d'ordonner les hommes vers leur double fin.

Il faut maintenant la suivre dans ses applications à la vie sociale. Les principes ne s'apprécient bien, ils ne se dessinent nettement que par leurs conséquences; ils demandent à sortir de l'abstrait et de la généralité, à être regardés dans les déductions particulières par lesquelles ils font sentir leur vertu. L'objet de ces recherches, c'est de savoir jusqu'à quel point nous avons renié les principes de l'antique tradition, et, notamment, le principe de l'union des deux ordres dans et par Jésus-Christ. L'exposé de ces principes devait être fait d'abord; mais il serait incomplet, et le but serait en partie manqué, si l'on ne rappelait, en outre, quelques-unes des règles pratiques qui ont été le fruit de ces principes. C'est par cet endroit surtout qu'éclatera l'opposition de notre esprit moderne et de l'esprit traditionnel.

§ III. QUELQUES APPLICATIONS DES PRINCIPES TRADITIONNELS.

I. *La priorité de la société spirituelle par rapport à l'individu.* Le nouveau-né, l'adulte même n'étaient incorporés à la société civile, qu'après l'avoir été à la société religieuse.

Le premier devoir qui s'impose aux sociétés et aux puissances, et, conséquemment, leur premier droit, c'est de s'établir, de recruter des sujets, et de se perpétuer. Car, elles sont chargées d'ordonner et de conduire les hommes à leurs fins, d'en faire des êtres vraiment raisonnables et religieux, des hommes et des enfants de Dieu dignes de ce nom.

Réciproquement, en tête des devoirs et des droits de tout homme, est le devoir et le droit d'appartenir à l'une et à l'autre de ces sociétés, puisque son existence et sa destinée d'être raisonnable et d'enfant de Dieu en dépendent nécessairement.

La naissance suffit à faire membre d'une société temporelle, d'une *nation*. C'est la foi qui incorpore à la société spirituelle, et la foi n'est pas donnée par la naissance. La naissance, depuis le péché d'Adam, ne confère plus qu'une nature déchue. Il faut comme une seconde naissance pour recevoir la foi, et dans la foi, la vie surnaturelle.

La nature précède donc maintenant la grâce. Toutefois, la nature n'ayant été faite que pour la grâce, la première ne produit tous ses effets, elle ne jouit de tous ses droits, qu'après que la seconde a pris elle-même possession. C'est l'ordre qui se rétablit ainsi. De là, le droit de priorité attribué de tout temps à la société spirituelle.

Un enfant venait-il à naître? Il devait être présenté d'abord à l'autorité religieuse; c'est elle qui l'introduisait dans le monde, en lui donnant place dans la société spirituelle. La société temporelle ne venait qu'en second lieu. L'état religieux précédait l'état civil et il en faisait la fonction.

L'incorporation dans une société a la valeur d'un contrat; elle oblige, l'un envers l'autre, la société et le membre qu'elle s'unit. Aussi faut-il, pour l'incorporation de l'adulte, son libre consentement. Pour celle de l'enfant, incapable d'un acte raisonnable, le consentement était présumé et il devait l'être; l'on peut et l'on doit faire pour lui ce que la raison lui devrait commander, s'il en avait l'usage.

Au reste, pour l'adulte comme pour l'enfant, la société religieuse marchait la première. Aucun adulte n'était admis à faire partie de la société temporelle, s'il n'appartenait à la société spirituelle, et, il suffisait d'être retranché de celle-ci, pour l'être de toute société civile.

II. *La même priorité par rapport à la famille.* — Le mariage était tenu pour un acte religieux avant tout.

Cette priorité n'existait pas seulement à l'égard de l'individu ; elle s'étendait à la famille, de laquelle il prend la naissance. Le mariage, qui constitue la famille, a toujours passé pour un acte religieux avant tout. Tel il parut dès l'origine. Dieu n'a pas voulu que la famille fût simplement de droit naturel. Il est intervenu pour présider Lui-même à la première union de l'homme et de la femme, et Il a donné ainsi la forme de tout mariage légitime. Le mariage est de droit divin positif, et, comme tel, il est essentiellement du ressort de l'autorité spirituelle. Au surplus, Jésus-Christ a fait du mariage entre chrétiens un sacrement. Il l'a mis au rang des choses les plus saintes dont la charge est confiée à l'Église.

En conséquence, c'est l'Église qui présidait au mariage et qui réglait les conditions de sa légitimité, et des droits essentiels auxquels il peut prétendre. Il passait de ses mains en celles de l'État, qui lui appliquait les effets civils.

III. *Un droit analogue à l'égard de la souveraineté temporelle.* — Les sujets étant élevés à l'ordre surnaturel, il convient que la souveraineté y soit élevée aussi. La souveraineté temporelle, de même que l'ordre auquel elle préside, n'obtient sa pleine intégrité que par le concours de l'ordre spirituel. Investiture à recevoir de Jésus-Christ par la main de l'Église. Autre raison, tirée du serment à prêter par le souverain au jour de son avènement. L'union des deux puissances dans les mêmes mains était ordinaire à l'origine des sociétés. Le sacre des rois.

Toute société comprend trois éléments nécessaires : des particuliers, des familles et un chef ou une souveraineté.

La société religieuse, comme la société civile, a besoin de ces trois éléments. Elles possèdent en commun les deux premiers. La société religieuse en prenait possession la première ; elle validait leur origine, et les présentait, pour ainsi dire, à la société civile, à laquelle ils appartiennent d'ailleurs par le droit naturel.

Il n'en pouvait être ainsi du troisième élément, le pouvoir souverain. Les mêmes particuliers, les mêmes familles appartiennent aux deux sociétés. Mais la même souveraineté ne peut leur servir de tête, à raison de la différence essentielle qui est entre elles, différence qui donne lieu, nécessairement, à deux souverainetés distinctes.

Cependant, même pour la souveraineté temporelle, la société spirituelle avait un droit de priorité et de sanctification, analogue à celui qu'elle exerçait sur l'individu et sur la famille.

Le spirituel, comparé au temporel, était regardé comme le premier en date, le premier en droit. Dieu, disait-on, nous a donnés à la grâce avant de nous donner à la nature ; Il nous a faits ses enfants avant de nous faire enfants de l'homme. Et, comme enfant de Dieu, comme membre et frère de Jésus-Christ, comme héritier du royaume du ciel, le chrétien, et tous les hommes sont destinés à l'être, le chrétien, dis-je, est élevé à une dignité incomparablement plus noble que tout ce que la nature a de plus grand. N'y aurait-il pas une indécence grave à ce que la souveraineté chargée de lui commander restât dans la condition purement naturelle? Dieu, Jésus-Christ, l'Église, ne pouvaient se désintéresser dans l'institution d'un pouvoir auquel doivent obéissance des âmes qui leur sont si chères et qui leur tiennent de si près.

D'ailleurs, s'il appartient à ce pouvoir de présider à l'ordre naturel, il n'est pas en sa puissance de faire cet ordre sans la société spirituelle. Il doit lui-même recevoir d'elle son ordination formelle, avec la faculté de contribuer pour sa part à l'ordination des choses naturelles dont la charge lui est commise. Ce recours à la société spirituelle est pour lui un devoir essentiel dont il ne peut se dispenser sans manquer sa fin.

La souveraineté temporelle a pour chef Jésus-Christ; elle est un écoulement de sa souveraineté éternelle. Elle en vient, sans doute, par la nature; mais, pour qu'elle soit tout ce qu'elle doit être, elle doit recevoir, en outre, une infusion de la vertu surnaturelle dont la dispensation est confiée à l'Église.

Si le souverain est le ministre de Dieu et le lieutenant de Jésus-Christ, il doit confesser que c'est à Dieu, à Jésus-Christ à l'investir de son pouvoir; et cette investiture, par qui doit-elle se faire, sinon par le ministère de l'Église, qui est l'Épouse de Jésus-Christ, la plus haute et la plus complète représentation de Dieu sur la terre?

Enfin, s'il est un contrat qui doive être confirmé par le serment, n'est-ce pas celui qui lie le souverain et les sujets? Et ne convient-il pas que ce contrat se renouvelle, quand la souveraineté paraît se renouveler elle-même en passant sur une autre tête? Le couronnement était, en conséquence, un acte religieux, et il appartenait à l'autorité spirituelle d'y présider.

De là, l'intervention de la religion et de l'Église dans l'institution des souverains. De là, le sacre des rois. De là aussi, en beaucoup d'endroits, l'adjonction de la souveraineté temporelle à la souveraineté spirituelle.

La réunion des deux puissances dans les mêmes mains fut, comme nous l'avons remarqué, la forme primitive des sociétés humaines. On ne vit rien, dans cette réunion, qui répugnât à l'une ou à l'autre de ces puissances, pas plus qu'il ne répugne à notre âme et à notre corps, à la nature divine et à la nature humaine, d'être unis dans la même personne. Cette réunion offrait de grands avantages, comme elle peut offrir de graves inconvénients. C'était affaire d'opportunité à régler par les hommes, selon les temps et les lieux, à cette condition que le principe de la distinction des puissances demeurât sauf, et que chacune retînt le rang qui lui convient.

Là où les puissances se divisèrent, la consécration sacerdotale, qui avait suffi pour les deux, fut remplacée, pour le dépositaire de la puissance temporelle, par une autre consécration appropriée à cette puissance. Ce fut le sacre.

On voit Dieu, dans l'Ancien Testament, faisant donner aux rois une onction sainte qui leur imprimait un caractère religieux. L'Écriture les appelait « les christs du Seigneur, les fils du Très-Haut, des dieux terrestres. Gardez-vous de toucher à mes christs. » [1] « Je l'ai dit : Vous êtes des dieux et les fils du Très-Haut. » [2] Elle nous apprend jusqu'à quel point David respecta l'onction royale dans Saül, même après que ce dernier eut été rejeté de Dieu [3].

Le sacre, en passant chez les peuples chrétiens, participa à la perfection donnée à tout par la loi de grâce. Il fut pour le prince ce qu'est le baptême pour les particuliers, le mariage pour les époux, la consécration épiscopale et sacerdotale pour les ministres de l'Église, une sorte de sacrement donnant pouvoir et grâce pour la souveraineté, telle que la réclame l'ordre chrétien. Ainsi compris, le sacre s'imposa à tout aspirant au trône. C'est par le sacre que la souveraineté prenait son caractère définitif; et, conséquemment, c'est l'Église qui, en

1. « Nolite tangere christos meos. » (I Par., xvi, 22).
2. « Ego dixi : Dii estis et filii Excelsi. » (Ps. 81).
3. Voir 1er *Livre des Rois*, ch. xxiv et xxvi. Livre II, ch. i, v, 5, 6 et 16.

sacrant le titulaire, le mettait en possession du trône, et le couronnait au nom et par l'autorité de Jésus-Christ.

IV. *Conséquences de ces droits pour l'ensemble du corps social.* — Le règne du droit divin, pénétrant partout, produit un milieu social en harmonie avec les besoins les plus essentiels de l'homme.

La tête ainsi surnaturalisée, tout le corps se surnaturalisait lui-même, l'influence du chef se faisant sentir aux membres, de haut en bas, suivant la pente naturelle des choses. L'affirmation du droit suprême de Dieu et de son Christ au sommet avait son écho à tous les degrés de l'échelle; elle projetait partout sa lumière et sa force; elle imprégnait tout de sa vertu, faisant appel au plus intime des consciences; elle produisait enfin un milieu social en harmonie avec les besoins suprêmes de l'homme, et propre à faire de lui ce qu'il doit être, raisonnable et religieux, en le faisant véritablement chrétien.

V. *L'unité de la société spirituelle, cause nécessaire de l'unité sociale dans l'ordre temporel.* — Les hommes sont faits pour l'unité. Cette unité, ébauchée seulement par les sociétés temporelles, n'est faite que par la société spirituelle. Catholicité de l'Église de Jésus-Christ. L'Église catholique est la vraie mère des sociétés temporelles, de l'humanité. La *Chrétienté* aux âges de foi. Importance capitale qu'on y donnait à l'unité de la foi.

Il n'y a qu'un seul Dieu, cause première et dernière fin de toutes choses. Il a donné à tous les hommes une même origine, le premier homme sorti de ses mains ; un même réparateur, Jésus-Christ; à tous, la même fin spirituelle et temporelle, sa Majesté sainte à révérer et à aimer. Tous ont, pour la fin temporelle, la même nature, la même raison, le même monde; et, pour la fin spirituelle, la même foi, la même grâce, les mêmes sacrements [1]. Évidemment, Dieu veut l'unité pour les hommes; Il veut l'humanité. Il fait converger toutes les créatures corporelles vers un centre commun, le soleil, autour duquel elles forment un tout d'une merveilleuse unité. Cet univers visible n'est qu'un symbole, en même temps qu'une invitation et un secours pour cet autre univers plus élevé, qui doit résulter du concert des esprits et des volontés libres.

L'unité est une loi essentielle du genre humain, et Dieu la désire telle, qu'elle ressemble à l'indivisible Trinité de ses adorables personnes. « Qu'ils soient un, comme nous sommes un [2]. » C'est pour la procurer que le Créateur a fait de la vie sociale la première nécessité pour les hommes. Les sociétés temporelles ont à la préparer, à l'ébaucher; il n'appartient qu'à la société spirituelle de la faire.

Les moyens que la nature, la raison et l'univers donnent à l'homme pour sa fin temporelle, sont d'une grande diversité. De là, des caractères, des mœurs, des langues très variées. De là, conséquemment, diverses sociétés temporelles, dont le nombre et les formes peuvent changer à l'infini. Par ce côté, la division est possible; elle est facile, si peu que les hommes s'arrêtent dans les moyens, perdant de vue la fin, ou la dénaturant au gré des passions. De là, entre les peuples, et même dans leur sein, des rivalités, des inimitiés, et jusqu'à des guerres sanglantes. Or, rien de plus contraire au plan divin. Qu'a fait Dieu pour conjurer ce mal, pour rame-

1. « Nobis unus Deus, Pater, ex quo omnia et nos in illum; et unus Dominus Jesus Christus, per quem omnia et nos per ipsum. » (I Cor., VIII, 6.)

« Una fides, unum baptisma. » (Eph., IV, 5.)

2. « Ut sint unum, sicut et nos unum sumus. » (Joan., XVII, 22.)

ner et soumettre à l'unité les sociétés temporelles? Les moyens qui constituent l'ordre spirituel, Il les a réduits à un petit nombre, d'une simplicité qui leur permet de s'adapter à toutes les différences de races et de climats. De plus, Il en a confié l'emploi à une société unique et perpétuelle, à *son Église.*

L'Église est envoyée à tous les hommes, individus et peuples, et tous les hommes sont appelés de Dieu à écouter l'Église et à entrer dans son sein. Ce devoir et ce droit réciproques de l'Église et des hommes priment tout, et il n'est rien qui puisse leur faire échec, ni l'autorité des parents sur leurs enfants, ni celle des rois sur leurs sujets, des maîtres sur leurs serviteurs, encore moins le préjugé, l'ignorance ou l'erreur, lesquels ne sauraient arguer jamais d'une vraie possession, ni enfin ce qu'on a appelé de notre temps la liberté de conscience. « Toute puissance m'a été donnée au ciel et sur la terre. Comme mon Père m'a envoyé, ainsi je vous envoie. Allez donc, enseignez toutes les nations [1]... »

L'Église catholique est la seule société religieuse légitime et vraie, parce que c'est en elle seule que Jésus-Christ sauve, relève, régénère et refait l'homme, sa créature. Il est avec elle, Il est en elle, tous les jours, jusqu'à la consommation des siècles. Elle est son épouse, son corps, et Il lui est uni par un lien indissoluble. C'est par elle qu'Il s'unit et s'incorpore tout le reste. Il lui donne d'être avec Lui le *commencement de toutes choses*[2].

1. « Data est mihi omnis potestas in cœlo et in terra. Euntes ergo, docete omnes gentes... Et ecce ego vobiscum sum omnibus diebus, usque ad consummationem sæculi. » (Matth., XXVIII, 18, 19, 20.)

2. « Ἀρχὴ παντῶν ἐστίν ἡ καθολικὴ καὶ ἅγια Ἐκκλησία. » (S. Epiph. LI, c. V. *Contra hæreses.*)

la colonne inébranlable de la vérité[1], *la lumière du monde*[2], *la maison sainte où l'Esprit de Dieu fait habiter ensemble les cœurs les plus opposés*[3].

C'est donc par l'Église que les peuples obtiennent, soit entre eux, soit au dedans de chacun, cette concorde qui fait les sociétés humaines et l'humanité. L'accord des esprits et des volontés, n'est-ce pas la condition essentielle de toute société véritable entre les hommes? D'où il suit que l'Église catholique, par cela même qu'elle fait l'union, la seule union réelle des cœurs dans la possession de la vérité, est la vraie mère des sociétés humaines, comme son Chef en est le père véritable. Tels étaient, en effet, les noms que toutes les bouches leur donnaient aux âges de foi. L'usage les avait consacrés et rendus propres à l'Eglise et à son Pontife suprême. On ne disait jamais autrement que la *sainte mère Église*, *notre saint père le Pape*. Les divers États chrétiens formaient, dans le giron de l'Église et sous l'autorité paternelle du Pape, un même royaume, et mieux, une famille, la *Chrétienté*.

L'on a rêvé de nos jours l'idéal de l'*Église libre dans l'État libre*, en d'autres termes, d'une Église découpée en autant d'Églises locales que d'États, et dans le cercle de chaque État, chacune de ces Églises se mouvant librement, même jusqu'à contredire l'État, mais, bien entendu, sous le contrôle de celui-ci, et dans les limites qu'il croirait devoir prescrire au nom de la paix publique.

1. « Ecclesia Dei vivi, columna et firmamentum veritatis. » (I Tim., III, 15.)

2. « Ego sum lux mundi. » (Joan., VIII, 12.) — « Vos estis lux mundi. » (Matth., V, 14.)

3. « Deus in loco sancto suo, Deus qui inhabitare facit unius moris in domo. » (Ps. 67.)

Autrefois, l'on avait l'*État libre* dans l'*Église libre*, au même sens que la partie dans le tout. Chaque État faisait un membre de la Chrétienté, et la Chrétienté était informée par l'Église une, indivisible, comme le corps humain est informé par l'âme à laquelle il est uni.

On conçoit, par suite, de quel prix était pour tous l'unité de l'Église, c'est-à-dire la foi qui lui sert de fondement. La foi était l'autorité suprême, la clef de voûte de tout l'édifice social. Rien n'était plus étranger aux idées et aux mœurs, que notre libre pensée Elle eût passé pour un monstre digne de toute exécration, et l'on n'aurait pas eu de châtiment assez rigoureux pour punir et pour retrancher d'entre les hommes, ce qu'on tenait pour le plus horrible et le plus pernicieux de tous les crimes.

VI. *L'alliance de l'autorité et de la liberté.* — Au lieu de la liberté moderne, qui était inconnue, on avait la vraie liberté, laquelle voit dans l'autorité sa gardienne et sa mère. La volonté divine, source commune de l'autorité et de la liberté, et sauvegarde assurée des droits de chacune. La liberté de conscience avait alors son apogée.

A l'ombre de l'autorité suprême de la foi, de l'Église et de son Chef, toute autorité était forte et respectée; tous les droits s'affirmaient hardiment et se faisaient écouter.

Mais, avec un tel empire de l'autorité, que devenait la liberté, la liberté de la raison, la liberté du citoyen, la liberté de l'État?

Si l'on entend, par ce mot de *liberté*, ce que veut entendre l'esprit moderne, savoir, le droit de tout penser, de tout dire et de tout faire, sans nul respect pour l'autorité, on l'avoue sans peine, cette liberté n'avait pas droit de cité. Est-ce à dire, pour cela, que la liberté n'existait point? On se vantait de la posséder, et l'on savait la défendre avec plus d'énergie qu'on ne le fait de nos jours. Mais, c'était la vraie liberté, celle qui consiste à n'être pas empêchée de tendre à sa fin. Or, cette liberté aime l'autorité comme sa gardienne, sa tutrice et sa mère, l'autorité n'ayant en effet d'autre office que d'ouvrir la voie, de la rendre libre d'entraves, et de soutenir la volonté contre les attaques du dehors, contre ses propres défaillances et ses découragements, contre les écarts qui pourraient la dévoyer, la dénaturer et causer sa ruine.

L'autorité et la liberté s'harmonisaient au dehors et dans les relations extérieures, parce qu'elles s'harmonisaient dans le for intime de la conscience. C'est ici, surtout, qu'elles se rencontraient, qu'elles s'embrassaient, pour ainsi dire, sous le regard de Dieu, leur commun auteur. Si l'autorité est un droit, la liberté l'est également, et il ne peut y avoir de droit contre le droit. C'est la volonté de Dieu qui fait tout le droit, que ce droit s'appelle autorité ou qu'il s'appelle liberté ; et Dieu ne peut se contredire.

Mais que parlons-nous de droits? L'on n'admettait guère autrefois que des devoirs, comme la seule chose qui convienne à la créature; devoirs qui se confondaient tous, quelle qu'en fût la forme, dans le devoir de la soumission à la volonté du Seigneur. L'autorité, la liberté n'avaient pas d'autre fondement. Le supérieur devait commander à l'inférieur, et il devait commander selon la règle voulue de Dieu. L'inférieur devait obéir, mais il devait en même temps n'obéir que conformément à la loi divine. Des deux parts, volonté souveraine de Dieu, commandant, à la fois, et à la conscience du supérieur, et à la conscience de l'inférieur; volonté mise en lumière, inculquée à tous, et interprétée avec certitude par l'autorité spirituelle, établie de Dieu la régulatrice suprême des consciences.

C'est ainsi que le droit divin étendait son règne sur tout, sur les princes, sur les familles, sur les particuliers, sur les relations publiques et privées. C'est ainsi que la conscience, qui ne vit que par le sentiment du droit divin, obtenait toute la vigueur et toute la sensibilité dont elle est susceptible. Parce que c'était le règne de Dieu, c'était aussi le règne de la conscience. La conscience ne devait de soumission qu'à Dieu ; tel était son devoir ; tel était, par suite, son droit. Établie sur ce fondement indiscutable, elle défiait toutes les oppressions, elle échappait à toutes les servitudes. C'était la liberté de conscience dans son plus bel épanouissement.

VII. *La nécessité et le rôle de la force matérielle au service de la Vérité de l'Église.* — Le droit impuissant à se faire respecter sans le secours de la force. La fin de celle-ci, et obligation faite au pouvoir d'en user pour réprimer et punir le mal. L'Église a le droit, mais il ne lui convient pas de porter le glaive. C'est un devoir pour l'État, à défaut d'autres, de prêter à l'Église le secours de la force dont il dispose. L'État ne peut faillir à ce devoir sans s'exposer à périr. L'Église seule est immortelle.

Toutefois, le mensonge, l'erreur, l'injustice, la tyrannie, la révolte contre la vérité et le bien, sont de tous les temps, et la guerre qu'ils font à l'autorité, à la liberté, à la vérité, à Dieu, est continuelle. Ils ont à leur service les instincts pervers de la nature déchue, et ils en reçoivent une puissance redoutable et menaçante pour l'ordre voulu de Dieu. Quelles armes leur étaient opposées par nos pères ?

En premier lieu, ils n'attribuaient de droit qu'à la

vérité et au bien. L'erreur et le mal n'étaient, au plus, que tolérés.

Secondement, ils ajoutaient au droit la force matérielle, dont la fin, pensaient-ils, est uniquement de défendre la vérité et le bien, de réprimer le mensonge et le mal, de les punir, et de venger, sur les coupables, la volonté de Dieu méconnue et outragée. Laisser le mal impuni leur paraissait, dans le pouvoir, une trahison de son devoir le plus sacré. Il est le ministre de Dieu, son serviteur et son lieutenant, obligé en cette qualité de soutenir et de venger les droits de Dieu dans les choses commises à ses soins; et « ce n'est pas en vain qu'il porte le glaive. » L'obéissance qui lui est rendue ou refusée, c'est à Dieu qu'elle est rendue ou refusée. C'est par rapport à Dieu qu'elle doit s'envisager surtout, et entraîner, comme suites nécessaires, la récompense ou le châtiment [1].

La peine de mort, qui est la peine suprême, et dont l'application est réservée à la puissance souveraine, peut-elle être infligée par l'autorité spirituelle? On le pensait autrefois. Les fautes que cette autorité a charge de réprimer et de punir, ne sont-elles pas les plus offensantes à la Majesté divine?

Mais si le droit de porter le glaive et d'en user appartient à l'autorité religieuse elle-même, l'on ne jugeait pas qu'il convienne à l'Église de le manier de sa propre main. Jésus-Christ, son chef et son époux, avait manifestement ce droit; Il n'a pas voulu en faire usage. Aux disciples qui lui demandaient de faire tomber le feu

1. « Qui resistit potestati, Dei ordinationi resistit. Qui autem resistunt, ipsi sibi damnationem acquirunt... Si malum feceris, time; non enim sine causa gladium portat. Dei enim minister est, vindex in iram, ei qui malum agit. » (Rom., XIII, 2, 4.)

du ciel sur une ville coupable, Il reproche de méconnaître son esprit. Il a déclaré que son caractère était l'humilité et la douceur de cœur. Il est vrai qu'un jour, quand Il viendra dans sa Majesté pour juger les hommes, Il se montrera terrible à ses ennemis ; l'agneau fera place au lion. Mais, dans son premier avènement, Il a eu à cœur de ne faire voir à tous que mansuétude et bénignité.

L'Église, tant qu'elle voyage elle-même en ce monde, continuant la vie et les leçons de Jésus-Christ, ne saurait avoir un autre esprit. Il lui répugne donc, à elle aussi, de tirer le glaive et d'en frapper de ses propres mains.

Est-ce à dire qu'elle doive se défendre d'accepter que le glaive soit tiré pour elle et contre ceux qui attentent aux droits de Dieu dont elle a la garde?

Sa répugnance ne peut aller jusque-là. L'écouter à ce point, ce serait manquer à l'autorité sacrée dont elle a le dépôt; ce serait méconnaître la destination essentielle du glaive, qui est de défendre et de venger le droit. L'Église a son glaive, et, s'il ne lui convient pas d'en user par elle-même, elle peut et elle doit en confier l'usage à d'autres mains, qui s'en servent sous ses ordres et par son autorité.

Au reste, et quoi qu'il en soit du glaive propre de l'Église, on obligeait les puissances temporelles à mettre le leur à son service. Il n'y a point pour elles la même répugnance; il semble même que leur office principal est de porter le glaive. Elles ont surtout en partage la force matérielle, par cette raison sans doute que la force morale ou l'autorité du droit brille chez elles d'un moindre éclat et leur fournit un appui moins assuré.

D'autre part, bien que, dans l'Église, le droit resplendisse avec une clarté et une puissance irrésistibles à tout esprit de bonne foi, elle ne peut facilement se passer du secours de la force matérielle, et c'est à l'État qu'elle doit le demander surtout. Jésus-Christ a voulu qu'elle dépendît par ce côté du pouvoir temporel, qu'elle lui confiât le maniement de son glaive, qu'elle fît de lui son évêque du dehors, qu'au moins le pouvoir temporel employât pour elle, en même temps que pour lui, son propre glaive.

Les intérêts des deux puissances s'unissent presque au point de se confondre. Ce qui blesse l'Église, blesse l'État par cela même. Il importe donc extrêmement à l'État de répondre à l'appel de l'Église et de lui prêter main-forte. S'il manque à ce devoir, il en porte aussitôt la peine, en cessant d'autant d'être capable de faire ou de maintenir l'ordre social auquel il est préposé. Cet ordre ne subsiste qu'en proportion de l'empire de la vérité et du droit; et il n'appartient qu'à l'Église d'affirmer le vrai et le juste avec une autorité irréfragable. Qu'il soit permis, quelque part, d'enlever à l'Église le respect et l'obéissance, c'en est fait en ce lieu de la certitude de la vérité et du droit; chacun commence à penser et à vouloir à sa guise. L'union des esprits et des volontés, qui est l'âme et la raison de l'ordre social, se détend et finit par se dissoudre, faisant place à une union tout extérieure, union précaire et à la merci des événements, union qui ne peut se maintenir que par la force de l'habitude, de la nécessité ou de la contrainte matérielle, union enfin qui ne répond aucunement à l'idée de la société et de la fin destinée à l'homme.

L'État ne peut donc déserter la cause de l'Église

sans courir à sa ruine. Que s'il s'obstine dans sa défection, s'il périt misérablement, l'Église en éprouvera sans doute un contre-coup douloureux ; elle pourra recevoir des blessures et perdre de ses membres. Mais elle n'a pas à craindre la mort pour elle-même. Bien plus, sur les ruines des nations disparues, l'Église saura recontruire l'ordre social. Elle peut, avec des pierres, faire des enfants d'Abraham. Sous sa tutelle, et à sa voix, la droite raison jettera de nouveau sa lumière, donnant naissance aux devoirs, aux droits, à tous les liens de l'ordre social, et, spécialement, à une force matérielle bien ordonnée.

VIII. *Attributions respectives de l'Église et de l'État.* — A l'Église, la royauté de la vérité et du droit, l'empire des consciences. A l'État, la royauté de la force. Le glaive spirituel et le glaive temporel. La nécessité, l'efficacité et la règle du concours qu'ils se doivent.

L'Église a la primauté de la vérité et du droit. Elle parle, et sa parole est elle-même comparée à un glaive. C'est le glaive spirituel, le glaive de la force morale, lequel est le glaive distinctif de l'Église.

Le glaive matériel atteint les corps; le glaive spirituel atteint directement les âmes, les consciences. Celui-là tranche le lien qui unit le corps à l'âme, et sépare de la société civile et naturelle. Celui-ci sépare de la société religieuse, en tranchant le lien qui unit l'âme à la vérité, au droit, à Dieu. C'est ce que fait l'Église, quand elle juge que la vérité et le droit n'existent pas, qu'il n'y a que l'ombre et le masque de ces grandes choses; quand, par suite, elle défend aux consciences de s'attacher à ce qui n'est qu'iniquité et mensonge.

Le pouvoir civil ne va point, sans doute, sans le droit de commander aux consciences, de les lier et délier, en décidant, lui aussi, ce qui est juste et vrai. Mais ce droit est limité, et il reste subordonné au droit plénier que l'Église a reçu sur cette matière. Il y a entre l'État et l'Église cette différence radicale que l'État est faillible, tandis qu'il ne peut arriver à l'Église de s'égarer et d'égarer avec elle les consciences. D'où il suit que l'autorité de l'État sur les consciences ne va point jusqu'à l'en faire roi. C'est à l'Église qu'il est réservé d'en être la reine, ou, si l'on aime mieux, l'institutrice, la gardienne et la mère.

Tel était donc le partage des attributions entre les deux puissances chargées de régir les choses humaines. A l'une, la royauté de la vérité; à l'autre, la royauté de la force; à chacune son glaive distinct. Ces deux glaives suffisaient[1], mais à la condition de se défendre mutuellement. Dieu veut les deux et Il les a rendus nécessaires l'un à l'autre. La force a besoin de la vérité, de qui elle reçoit sa raison d'être et sa règle. La vérité elle-même a besoin de la force, les choses humaines étant ce qu'elles sont. Mais la vérité prime la force, et la force n'a pas d'autre office que de servir à la défense et au triomphe de la vérité.

IX. *Témoignage de saint François de Sales.* — « Le Pape et l'Église sont aux rois pour les nourrir, conserver et défendre envers tous et contre tous spirituellement. Les rois et les royaumes sont à l'Église et au Pape pour les nourrir, conserver et défendre envers et contre tous temporellement; car les pères sont aux enfants, et les enfants aux pères. »

L'on ne saurait mieux terminer et résumer cet exposé des principes de la Tradition, qu'en empruntant à saint François de Sales, ces lignes, écrites, justement, au temps

1. « Dixerunt: Domine, ecce duo gladii hic. At ille dixit eis : satis est. » (Luc, XXII, 38.)

où ils commençaient à s'obscurcir chez nous, et presque à la veille des furieux assauts qu'ils allaient subir de la part de notre Révolution naissante :

« Le Pape est le souverain Pasteur et Père spirituel « des chrétiens, parce qu'il est le suprême vicaire de « Jésus-Christ en terre; partant, il a l'ordinaire souve-« raine autorité spirituelle sur tous les chrétiens, Em-« pereurs, Rois, Princes, et autres, qui, en cette qualité, « lui doivent non-seulement amour, honneur, révérence « et respect, mais aussi aide, secours, assistance envers « tous, et contre tous ceux qui l'offensent, ou l'Église, « en cette autorité spirituelle et en l'administration « d'icelle : si que, comme par droit naturel, divin et hu-« main, chacun peut employer ses forces et celles « de ses alliés pour sa juste défense contre l'inique « et injuste agresseur et offenseur; aussi, l'Église ou le « Pape (car c'est tout un) peut employer ses forces, « et celles de l'Église, et celles des Princes chrétiens, ses « enfants spirituels, pour la juste défense et conservation « des droits de l'Église, contre tous ceux qui voudraient « les violer et détruire.

« Et d'autant plus, que les Chrétiens, Princes et autres « ne sont pas alliés au Pape et à l'Église d'une simple al-« liance, mais d'une alliance la plus puissante en obliga-« tion, la plus excellente en dignité qui puisse être. « Comme le Pape et les autres Prélats de l'Église sont « obligés de donner leur vie et subir la mort, pour don-« ner la nourriture et pâture spirituelle aux Rois et aux « Royaumes chrétiens, aussi les Rois et Royaumes sont « tenus redevables, réciproquement, de maintenir au pé-« ril de leur vie et États, le Pape et l'Église, leur Pasteur « et Père spirituel.

« Grande, mais réciproque obligation entre le Pape « et les Rois, obligation invariable, obligation qui s'é- « tend jusques à la mort inclusivement, et obligation na- « turelle, divine, humaine, par laquelle le Pape et l'É- « glise doivent leurs forces spirituelles aux Rois et aux « Royaumes, et les Rois leurs forces temporelles au Pape « et à l'Église. Le Pape et l'Église sont aux Rois pour « les nourrir, conserver et défendre envers tous et contre « tous spirituellement. Les Rois et les Royaumes sont « à l'Église et au Pape pour les nourrir, conserver et « défendre envers tous et contre tous temporellement; « car les pères sont aux enfants, et les enfants aux « pères.

TROISIÈME QUESTION

SI LES FONDEMENTS ATTRIBUÉS A LA SOCIÉTÉ PAR LA TRADITION ONT DIEU POUR AUTEUR, ET, PARTANT, SI NOTRE SOUVERAINETÉ NATIONALE S'ATTAQUE A DIEU MÊME.

« Il faut s'attacher aux grandes vérités sur lesquelles repose la société humaine, et s'y fixer. »
(Thiers, *Consulat et Empire*, liv. XX, p. 260.)

Récapitulation des deux premières questions. Nécessité d'en poser une troisième, où soient déterminées la nature des principes de la Tradition et celle de la Révolution, leur ennemie.

On s'est proposé, dans cette étude, d'examiner et de juger la forme qu'a maintenant en France la Souveraineté nationale. Cette forme s'est fait remarquer d'abord par sa nouveauté, par sa singularité, entre les institutions politiques en usage parmi les hommes. Il a paru nécessaire, avant de passer outre, de s'arrêter à cette note, d'en discuter le caractère, d'en faire l'objet de deux questions dont la solution pouvait être décisive.

Premièrement, est-il vrai que la Souveraineté nationale actuellement en vigueur dans notre pays est une chose nouvelle et propre à la France?

En réponse à cette question, l'on a interrogé les nations contemporaines, spécialement les États-Unis et l'Angleterre; ensuite, Athènes, Sparte et Rome pour l'Antiquité; enfin, nos ancêtres des VIIIe et Xe siècles. Notre

Souveraineté nationale ne s'est rencontrée nulle part. Les Révolutions que les autres peuples ont subies n'approchent pas de celle qui nous a donné notre souveraineté de la nation; à tel point que, seule entre toutes, notre Révolution a mérité de porter ce nom en propre et de s'appeler la *Révolution*.

Ainsi résolue, la première question appelait la seconde : quelle est la nature et l'étendue de l'innovation étrange causée par notre Révolution.

Tout changement suppose deux termes, celui d'où il part et celui auquel il aboutit. C'est par ces deux termes qu'il se définit, et, premièrement, par celui d'où il part. Ce premier terme peut lui-même être tel qu'il soit absolument impossible de penser à l'échanger contre un autre; telles sont, par exemple, les conséquences prochaines et nécessaires de la nature. Il est donc des cas où la connaissance du premier terme suffit pour faire repousser un changement comme inadmissible. Serait-ce celui de notre Révolution et de notre Souveraineté de la nation?

Pour éclaircir ce doute, l'on a fait rendre compte au passé de la manière dont il comprenait la Souveraineté nationale, et, aussi, des raisons pour lesquelles il avait généralement donné ses préférences à l'hérédité monarchique.

Ce n'était pas assez. L'idée moderne de la souveraineté de la nation atteignant les bases mêmes de l'ordre social, il a été nécessaire d'interroger nos pères sur les fondements qu'ils assignaient à la société. Ils nous ont dit ce qu'ils pensaient de la première origine de la société et du pouvoir suprême, de la fermeté du lien social, de l'obligation du culte public, de la double fin religieuse de l'homme, et de la cohésion nécessaire du spirituel et du temporel dans Jésus-Christ et par l'Église catholique.

Sur tous ces points fondamentaux, la pensée des peuples a été constante et unanime. La face du monde a souvent changé; les idées, les mœurs ont subi des transformations nombreuses et profondes. La doctrine traditionnelle a eu à supporter tous les déchaînements des passions humaines, toutes les violences de la force brutale en révolte contre le droit. Toutefois, elle surnageait toujours; elle reparaissait, se faisant jour au travers des ruines, et reprenait la haute direction des choses sociales; semblable au soleil dont la lumière bienfaisante survit à toutes les tempêtes. Défigurée par la superstition païenne, elle emprunta du Christianisme une vie nouvelle, avec une autorité et une perfection qui la firent briller d'un éclat vif et pur pendant une longue suite de siècles.

Tel est le premier terme du changement introduit chez nous par la Révolution. Il faut enfin savoir ce que penser de ce changement; et, pour cela, il est nécessaire et il suffit de s'assurer de deux choses : premièrement, si l'ordre de choses qui sert de premier terme à ce changement est de telle nature qu'il ne puisse jamais être permis de le déserter; secondement, si la Révolution a commis vraiment ce crime de renier cet héritage sacré de nos pères.

Nous voici arrivés au point décisif du débat. Après l'exposé qui précède, il pouvait paraître superflu de poser cette double question. N'était-elle pas déjà résolue suffisamment, et par le suffrage universel des siècles passés, et par l'éclat naturel de vérité propre à leurs traditions, et, enfin, par les preuves que notre siècle a données de sa haine pour ces traditions vénérables? Oui, sans doute. Mais cette matière est d'une telle gravité, et, dans notre siècle de lumière, elle a été enveloppée de tant d'obscurité, qu'il n'est pas sans intérêt d'insister.

Il faut donc voir, d'abord, si les maximes de la Tradition sur les fondements de la société sont vraiment dignes de foi, et, supposé qu'elles le soient, quelle autorité leur appartient.

CHAPITRE PREMIER

La vérité et l'autorité des principes de la Tradition.

§ I. *La vérité de ces principes.* — Les principes de la tradition font partie de la doctrine catholique, laquelle est exempte d'erreur. La raison en fait voir pareillement la vérité. Ils sont donc l'expression vraie des premiers commencements donnés par Dieu aux choses humaines, tant pour l'ordre spirituel, que pour l'ordre temporel.

Ils n'ont pas cessé d'être vrais depuis 89, et ils continueront de l'être jusqu'à la fin du monde, aussi bien pour les Français que pour le reste des hommes.

Ces principes sont les seuls véritables, et, en dehors d'eux, il ne peut y avoir que des hypothèses sans fondement.

Il y a, pour le catholique, une première réponse, et cette réponse est décisive. L'Église comprend dans son enseignement ces doctrines de la Tradition; les unes, comme révélées expressément; les autres, comme vérités naturelles confiées indirectement à sa vigilance. Or, l'Église est « la colonne inébranlable de la vérité [1] ». D'où, conclut saint Augustin, « ce qui est contre la foi ou la bonne vie, l'Église ne peut ni le faire, ni l'approuver, ni le taire [2] », et « ce que l'Église recommande par tout l'univers, il faut être insensé et d'une insolence excessive pour douter qu'il en doive être ainsi [3] ».

Si vous interrogez la raison, si vous lui demandez d'expliquer l'universalité et la constance des doctrines et des habitudes des temps passés, quelle sera sa réponse?

Il faut distinguer dans le fleuve de la tradition où elles se mêlent et forment un tout indivisible, les croyances et les institutions de l'ordre spirituel, et celles de l'ordre temporel.

Les premières supposent évidemment, comme source d'où elles procèdent et qui n'a pas cessé de les alimenter et de les soutenir, une manifestation expresse et solennelle de la volonté de Dieu, faite à l'origine du monde. Tel a dû être leur premier commencement, ou leur *principe* (*primum caput*).

Pour les secondes, elles doivent se rapporter à une origine qui leur soit homogène. Ce ne peut être que la nature, laquelle est la même pour tous les hommes, en quelque siècle et sous quelque climat qu'on les considère. Car, dit Cicéron, « en toute chose, l'accord de tous les peuples doit être réputé loi de la nature [4] ».

Au surplus, ces premières origines des choses

1. « Ecclesia Dei vivi, columna et firmamentum veritatis. » (I. Tim., III, 15.)

2. « Quæ sunt contra fidem vel bonam vitam, Ecclesia nec facit, nec approbat, nec tacit. » (S. Aug., *Epist.* 55.)

3. « Quod per universum orbem commendat Ecclesia, hoc quin ita faciendum sit disputare, insolentissimæ insaniæ est. » (S. Aug., *Epist.* 118.)

4. « In omni re, consensio omnium gentium lex naturæ putanda est. »

humaines, la Tradition nous les a signalées elle-même dans l'exposé qu'elle nous a fait de son symbole. Elles sont comprises dans ce symbole, et elles y tiennent la première place. C'est la nature qu'elle a interrogée devant nous; c'est dans son sein qu'elle nous a fait voir l'origine de la société et du pouvoir souverain, la fin rationnelle de l'homme, le devoir social de la religion.

De même, pour l'intervention divine d'où découlent la fin et la société spirituelle, avec les rapports qui les doivent unir à la fin et à la société temporelle; la Tradition nous l'a montrée dans ces grands événements que raconte la sainte Écriture : la création du monde, la chute du premier homme et de sa postérité, la Rédemption, l'institution de l'Église; événements dont la certitude est sans égale, et qui ont été la source et l'aliment de la vie religieuse dans toute l'humanité.

Évidemment donc, la Tradition du genre humain n'est pas le fruit de l'illusion; ses enseignements concordent avec les vrais commencements des choses humaines, et les principes qu'elle a fait profession de croire sont ceux que Dieu même a posés en créant le monde.

Ces principes auraient-ils cessé d'être véritables depuis 1789 ?

Autant vaudrait demander si le monde a recommencé, et s'il a recommencé sur un plan tout opposé, si Dieu a défait son premier ouvrage pour le refaire tout autrement, s'Il a donné à l'homme une autre nature, si, enfin, Il a renié son Christ, son propre Fils, qu'Il avait donné pour fondement perpétuel à l'édifice.

Les principes de la Tradition ont continué d'être les vrais principes, et ils continueront de l'être, parce que les premiers commencements dont ils sont l'expression, doivent durer toujours. « Le conseil du Seigneur demeure pour toujours, et les pensées de son cœur passent de génération en génération. » « Il a posé un commandement, et ce commandement ne passera point » [1]. La nature humaine restera la même avec ses inclinations et ses facultés propres. Elle gardera la blessure du péché, sans autre remède possible que la grâce. L'homme continuera d'être destiné à une fin surnaturelle, et d'avoir pour médiateur nécessaire le Fils de Dieu fait homme. Jésus-Christ sera toujours au cœur de l'humanité, dans cette Église dont Il a assuré que « les portes de l'enfer ne prévaudraient point contre elle ».

L'Asie, l'Europe, nos continents sont dominés par des hauteurs qui demeurent immuables au travers de toutes les vicissitudes. Semblables à ces sommets, les premiers commencements de l'humanité, ses principes, traversent immobiles les révolutions. Ce sont les gonds qui supportent notre monde, et Dieu les a posés pour le soutenir, jusqu'à la fin, contre tous les ébranlements [2].

Or, si tels sont les vrais principes pour tous les peuples et pour tous les temps, y aurait-il donc une exception pour notre siècle et pour notre France ? En d'autres termes, serions-nous devenus, depuis quelques années, une espèce à part dans l'humanité ? Car, il le faut bien

1. « Consilium Domini in æternum manet ; cogitationes cordis ejus in generationem et generationem. » (Ps. 32.)

« Statuit ea in æternum et in sæculum sæculi ; præceptum posuit et non præteribit. » (Ps. 148.)

2. « Domini sunt cardines terræ, et posuit super eos orbem. » (I Reg., II, 8.)

« Fundasti terram et permanet. » (Ps. 118.)

avouer, notre singularité sur un point aussi fondamental ne supposerait pas moins.

Les enseignements de l'antique et universelle Tradition sur les fondements des sociétés humaines, sont vrais; par cela même est convaincue de fausseté toute doctrine ou maxime qui s'en écarte. Ces fondements des choses humaines ne dépendent point du jeu de nos esprits. Ils sont l'objet, ils ne sauraient être le fruit de nos investigations. Ce n'est pas à nous à les faire ou à les inventer. Ils nous précèdent; ce sont des faits à découvrir simplement et à constater. Il n'y a de principes vrais, et mieux, il n'y a, à proprement parler, de principes, que ceux qui répondent, par une expression fidèle, à ces premières origines de l'homme. Tels sont les enseignements de la Tradition sur les fondements de l'ordre social. Hors de là, on ne peut avoir que suppositions gratuites, hypothèses en l'air et conceptions de pure fantaisie. Car, on n'a rien qui s'appuie sur les commencements réels de l'homme, rien qui exprime la réalité vraie. Et ne serait-ce pas la condition de nos principes modernes, et, particulièrement, de notre Souveraineté nationale ?

Mais, avant de faire aucune application à nos idées modernes, il faut continuer de voir les titres que possèdent les croyances traditionnelles à la soumission et à l'amour des peuples. Plus on considère la vérité, mieux ensuite son contraire, l'erreur, se laisse démêler.

On dirait, à nous entendre disputer sur les principes, nous Français du XIXe siècle, que ce sont choses indifférentes, au moins d'une importance bien secondaire, et propres surtout à la spéculation. L'on va voir s'il est préjugé plus absurde et plus pernicieux.

§ II. *L'autorité des principes de la Tradition.* — Ce qu'est la source pour le fleuve qui en découle, les principes le sont pour l'humanité. Dieu qui l'a commencée par eux, veut par eux la conserver, l'accroître et la conduire à sa fin. Donc, rien d'aussi nécessaire et d'aussi bon pour l'homme que ces principes. D'autant que l'homme doit concourir avec Dieu à son propre développement ; d'où il suit que la connaissance des principes est pour lui la première et la plus nécessaire des vérités, et, la soumission volontaire à ces principes, le premier et le plus nécessaire des devoirs. Enfin, c'est en eux que réside la source première et nécessaire, après Dieu, de toute autorité véritable parmi les hommes.

Il importe donc, avant tout, à l'homme, de rester en communication avec les principes.

Dieu a pourvu à cette nécessité :

1° Par la convenance qu'il a établie entre les principes et la nature humaine.

2° Par la *Tradition*, c'est-à-dire, la succession de ceux auxquels Dieu a confié la garde et l'application des principes, la succession des *princes* ou chefs des peuples. L'office de la Tradition dans l'humanité. La hiérarchie.

Dieu, premier principe et premier prince tout ensemble, dans la personne de son Verbe, lequel, en se faisant homme, s'est donné à l'humanité pour chef suprême et permanent. Tous les chefs sont ses lieutenants ; spécialement Pierre et ses successeurs, dont la chaîne constitue la Tradition mère et maîtresse. Jésus-Christ, centre et point de ralliement de tous les hommes.

Donc, ce qu'est le tronc de l'arbre entre les racines et les branches, les fleurs, les fruits, la Tradition l'est pour l'homme, le trait d'union nécessaire entre les principes et les institutions, les mœurs, les actions humaines.

Donc, rien d'aussi sacré que les principes et leur tradition. Les attaquer, c'est attaquer l'homme dans ce qui est la condition essentielle de son progrès et de sa conservation. C'est faire à Dieu, à son autorité souveraine, à sa bonté paternelle, l'injure la plus griève.

Dieu n'a pas donné au genre humain en le créant, Il ne donne pas à chacun en le mettant au monde, tout le bien qu'Il leur destine ; Il les a faits perfectibles. Il n'appartenait qu'à Lui, l'être nécessaire, de les commencer, comme toutes les créatures ; il n'appartient non plus qu'à Lui de les accroître et de les finir. Il est l'unique auteur de tout bien, non seulement pour le commencement, mais encore pour le milieu et pour la fin. « C'est moi qui ai planté, Apollon a arrosé, mais c'est Dieu qui a donné l'accroissement. En conséquence, ni celui qui plante, ni celui qui arrose ne sont quelque chose ; c'est celui qui donne l'accroissement, c'est Dieu. »[1] Toute paternité vient de Dieu, et, en ce sens, « nul n'est bon, si ce n'est Lui seul. »[2]

Or, créateur d'une intelligence infinie, Dieu a donné à son ouvrage le premier commencement qui convenait le mieux à la suite et à l'achèvement qu'il se propose de lui imprimer. Dans ce premier commencement, Il a renfermé une vertu, une énergie, une fécondité qui devront suffire aux besoins de la croissance. Il en a fait pour l'homme, ce qu'est la source pour le fleuve qui en découle, la racine pour l'arbre qui en procède, le fondement pour l'édifice : la cause première et toujours nécessaire de sa durée, de son progrès, jusqu'à son développement dernier. Donc, rien d'aussi indispensable et d'aussi bon pour l'homme que ses premiers commencements ou ses principes ; rien qui doive lui être aussi cher. Dieu leur donne de posséder en propre avec Lui l'attribut de la bonté, et il faut dire d'eux-mêmes, dans un sens analogue : il n'y a de bon que les principes. Car c'est par eux que le Dieu très bon conserve, augmente et complète le bien dont ils sont le commencement.

Mais, si le Tout Puissant a commencé seul ses créatures, Il ne veut pas les continuer et les finir sans leur con-

1. « Ego plantavi, Apollo rigavit ; sed Deus incrementum dedit. » « Itaque neque qui plantat est aliquid, neque qui rigat; sed qui incrementum dat, Deus. » (I. Cor., III, 6, 7.)

2. « Ex quo omnis paternitas. » (Ephes., III, 15.) « Nemo bonus nisi solus Deus. » (Luc. XVIII, 19.)

cours, et ce concours qu'il leur demande est approprié à la nature de chacune. Or, Il a fait l'homme raisonnable, c'est-à-dire capable de raisonner sa vie, en d'autres termes, de comprendre et de vouloir librement la raison pour laquelle son créateur l'a mis au monde, et d'y accorder ses actes. Quelle est cette raison du Créateur? C'est la fin qu'Il a assignée à l'homme. L'homme n'est intelligent et moral en puissance que pour connaître cette fin et y tendre librement; il ne l'est en acte qu'autant qu'il la connaît et qu'il la veut.

Or, la connaissance et la volonté de sa fin implique nécessairement pour l'homme, elle suppose avant tout la connaissance et la volonté de son commencement. Pour lui, ce commencement est la réalité première, celle d'où toutes les autres doivent suivre comme développements, et, notamment, la fin qui doit lui donner sa perfection, et le chemin à suivre pour aller de l'un à l'autre. Ainsi en est-il de la connaissance du commencement. C'est pour l'homme la vérité première, la vérité-mère, de laquelle toutes les autres se déduisent; c'est la vérité-principe ou le principe de toute vraie science; car les vérités s'enchaînent et se coordonnent nécessairement de la même manière que les réalités qui leur servent d'objet et dont elles sont l'expression dans notre esprit.

Ensuite, étant donnée la volonté divine que l'homme coopère avec le Créateur à son propre achèvement, quelle est la condition première de cette coopération de la part de l'homme? Quel est, par suite, le premier et le plus essentiel de ses devoirs? N'est-ce pas qu'il adhère, d'esprit et de volonté, aux commencements qu'il a reçus de Dieu? Il n'est, comme on l'a dit, intelligent et moral, il n'est raisonnable, il n'est véritablement homme qu'à cette condition.

Donc, de même que la connaissance des principes est pour l'homme la première et la plus nécessaire des vérités; la connaissance et l'acceptation de ces principes, comme loi suprême de sa vie, sont le premier et le plus nécessaire de ses devoirs; car telle est la première volonté de Dieu sur l'homme sorti de ses mains. En toute œuvre intelligente, c'est le commencement qui fait loi; c'est à lui qu'appartient en propre *l'autorité*, c'est-à-dire le pouvoir d'accroître et de finir. Telle fondation, tel édifice; tel germe, telle plante; telle source, tel fleuve. Comme *auteur* du monde, Dieu possède et Il tient de Lui-même la première et souveraine autorité. Cette autorité, Il la communique, Il en confère la plénitude aux principes, pour que de là, comme d'une source intarissable, elle se communique aux hommes et aux institutions chargés de régir les peuples. De là, dans toutes les langues, l'emploi des mêmes termes pour signifier et le commencement et le droit de commander [1].

En résumé, c'est des principes que découlent pour l'homme tout bien, toute vérité, tout droit et tout devoir. Ils forment son patrimoine le plus précieux et le plus nécessaire. Ils sont sa tête, son cœur, toute sa vie.

1. Exemples : 'Αρχή, ἀρχία, ἀναρχία, πρεσβύτερος. *Principium, principatus, senior, auctor, auctoritas, caput. Chef.*

Auctor, auteur veut dire dans le langage ordinaire celui qui donne commencement, bien qu'il signifie proprement celui qui donne accroissement. Pourquoi l'usage a-t-il laissé le premier sens pour adopter le second ? C'est que l'un ne va point sans l'autre et que tous deux se supposent réciproquement. Le sens propre du mot reparaît du reste dans le dérivé *auctoritas, autorité.* Ce dérivé signifie étymologiquement et par l'usage le pouvoir de continuer une chose commencée ; sans doute parce que ce pouvoir dérive lui-même du pouvoir de commencer, comme son prolongement et son attribut naturel

Rien n'importe donc autant à l'homme que d'être et de rester en communication avec ses principes. A quoi serviraient les glaciers des Alpes, si ces précieux réservoirs ne trouvaient pas à s'écouler, si la nature ne leur avait pas ménagé des terres en pente, des vallées, un lit par où ils puissent porter au loin la fraîcheur et la fertilité? De même, il ne suffit pas à un principe, pour l'être effectivement, qu'il demeure indestructible là où Dieu l'a établi, qu'il conserve même la plénitude d'énergie et de vertu qui fait le principe. Il faut qu'il lui soit donné de s'épancher au dehors, de se déduire en ses conséquences, de produire des idées, des mœurs, des institutions, dans lesquelles et par lesquelles il verse la lumière, le mouvement et la vie dont il est la source.

Dieu a pourvu à cette nécessité. De là, cette convenance réciproque entre les principes et les besoins, facultés et aptitudes de l'homme ; convenance telle qu'ils n'ont qu'à se montrer à sa raison pour qu'elle se porte vers eux, de la même manière qu'il se porte vers le pain qui le nourrit. Nul besoin pour cela de réflexion, ce dont la plupart des hommes ne seraient point capables. C'est une adhésion spontanée, une adhésion de foi, de foi naturelle ou surnaturelle, selon qu'elle procède de l'instinct de la nature ou de l'habitude surnaturelle qui fait le chrétien ; adhésion qui, du reste, répond à la manière dont les principes se déclarent. Ce n'est pas à l'étude ou à l'examen qu'ils font appel ; ils ne se démontrent pas, ils s'affirment. Ils s'affirment par leur possession, comme le père s'affirme à son enfant. Ils sont en possession de donner, de conserver et d'accroître ; c'est assez pour rendre évidente leur autorité suprême ; c'est assez pour leur donner droit à une pleine soumission.

Toutefois, parce que les principes demeurent cachés, ainsi que les sources des fleuves et les racines des arbres, ainsi que Dieu même qui s'appelle dans l'Écriture *un Dieu caché*, il est besoin, entre eux et les peuples, d'intermédiaires qui les fassent sortir du mystère où ils se tiennent.

D'ailleurs, la volonté de Dieu est d'appliquer aux hommes la vertu des principes, non sous forme individuelle, mais socialement. Il a donc commis la garde, la promulgation, l'application des principes à certains hommes déterminés, en qui ces principes s'incarnent, pour ainsi dire, se personnifient et s'actualisent. C'est par ces représentants qu'ils se rendent sensibles et vivants, qu'ils exercent et perpétuent leur action de génération en génération, leur communiquant leur pouvoir de conservation et d'accroissement, leur autorité. De là pour ces hommes les noms de *princes*, de *chefs*, *pères*, *seniores*, *primates*, *pasteurs*, *patrons*, empruntés des principes mêmes. De là, le rôle de tête, de fondement, de cœur, qui leur est attribué comme aux principes. De là, encore, l'inclination des peuples à leur rendre la même obéissance qu'aux principes, par une soumission non de raisonnement, mais de foi. De là, enfin, entre ces chefs, la même distinction des ordres, et, dans chaque ordre, la même diversité et gradation de pouvoirs qu'entre les principes, sous le même nom de *hiérarchie*.

La succession de ces chefs fait la Tradition.

C'est donc par la Tradition, comme par un cours non interrompu, régulier, authentique, sinon toujours pur, que les principes, ainsi que des sources inépuisables, font couler leurs eaux sur toutes les générations humaines, pour leur donner la vérité à connaître, le devoir à accomplir. C'est elle qui, depuis l'origine jusqu'à nous, au travers de mille vicissitudes, a maintenu, dans la croyance aux principes, la condition première de tout progrès réel, de tout vrai développement.

Enfin, comme il y a un Principe suprême duquel tous les autres procèdent, qui les domine et les supporte tous, de même il y a un Chef suprême, et tous les deux ne font qu'un. C'est l'Éternel, « l'Ancien des jours [1], » le Seigneur par excellence. C'est Dieu dans son Verbe, dont il est dit qu' « Il était au commencement [2]. »

Étant avant toute chose, le Verbe, Fils de Dieu, a seul eu pouvoir de commencer toute chose [3]; et, partant, Il a seul pouvoir de conserver et finir toute chose. « Je suis dit-il, l'α et l'ω, le premier et le dernier, le commencement et la fin » [4]. Et, afin de remplir en toute vérité l'office de chef parmi les hommes, Il n'a pas dédaigné de se faire homme Lui-même. « Et le Verbe s'est fait chair, et Il a habité parmi nous » [5]. Tous les autres chefs sont ses lieutenants, et ils ne peuvent rien commander qu'en son nom. Mais, tandis qu'ils passent et qu'ils changent, comme des vêtements, pour Lui, Il demeure toujours le même, et ses années ne déclinent point [6]; Il demeure au sein de l'humanité, « soutenant

1. « Antiquus dierum. » (Dan., VII, 9.)
2. « In principio erat Verbum. » (Joan., I, 1).
3. « Omnia per Ipsum facta sunt. » (Joan., I, 3.)
4. « Ego sum α et ω, primus et novissimus, principium et finis. » (Apoc., XXII, 13.)
5. « Et Verbum caro factum est et habitavit in nobis. » (Joan., I, 14.)
6. « Et velut amictum mutabis eos et mutabuntur; tu autem idem ipse es, et anni tui non deficient. » (Hebr., I, 12.)

12

tout de sa vertu créatrice » [1]. Il y demeure, depuis qu'Il s'est fait homme, principalement dans la personne de chefs désignés entre les autres pour être ses vicaires par excellence : Pierre et ses successeurs, dont la succession fait la Tradition mère et maîtresse, règle infaillible de toute vérité et de tout devoir. C'est dans leur personne surtout que l'Homme-Dieu ne cesse point de remplir son office de Chef et de Père suprême de tous, des rois comme des peuples, et c'est ainsi qu'en Jésus-Christ tous les hommes, sortis de la même source, y sont ramenés constamment. C'est ainsi que se fait et se conserve l'humanité.

Telle est, par l'institution divine, toute l'économie des choses humaines. Telle est la vérité et l'autorité des principes que Dieu a posés et qu'Il maintient à la base. Telle est, en conséquence, la vérité et l'autorité de la Tradition, divinement chargée de les garder et d'en dispenser aux hommes les précieuses richesses.

La Tradition est entre les principes et les actions humaines, ce que sont le tronc et les branches de l'arbre entre les racines et les fleurs, ce que sont les colonnes et les murs de l'édifice entre les fondations et les chambres à habiter, ce qu'est le lit d'un fleuve entre la source et les contrées qu'il traverse. Plus de lit, plus de fleuve ni de moissons; renversez les colonnes et les murailles, l'édifice n'est plus qu'un amas de pierres; coupez le tronc et les branches, l'arbre n'existe plus. Source, racines, fondements restent encore, mais entièrement inutiles. Ainsi de la Tradition, entre les principes et les fleurs et les fruits de l'activité humaine.

Évidemment donc, rien de plus sacré que ces prin-

1. « Portans omnia verbo virtutis suæ. » (Hebr., I, 3.)

cipes et leur Tradition ; rien qui mérite autant le respect, la soumission et l'amour. Les attaquer, ce ne serait pas attaquer seulement une vérité isolée, un devoir ou un droit particulier, un bien partiel, utile sans doute, mais non nécessaire ; ce serait attaquer toutes les vérités ensemble; ce serait saper par la base l'ordre moral tout entier; ce serait porter atteinte à la source même de tout le bien propre à l'homme. Un fleuve qui rompt ses communications avec sa source, un arbre qui se sépare de ses racines, un édifice auquel on enlève ses fondements, voilà ce que serait un homme ou un peuple qui cesse de communiquer avec les principes ; c'en est fait, non seulement de son progrès, mais encore de sa vie, de sa conservation. Ce n'est pas un membre quelconque qu'il perd ; c'est la tête, c'est le cœur, c'est tout ce qui fait vivre.

Et quel outrage à Dieu ! L'homme ne s'appartient pas; il est la propriété de Dieu, pleine et très chère propriété, sur laquelle le Seigneur a les desseins les plus magnifiques et dont Il prend le soin le plus amoureux. C'est un ouvrage qu'Il a commencé de ses propres mains [1], auquel Il a consacré les meilleures inventions de sa bonté, dont Il veut faire un chef-d'œuvre de sa puissance, de sa sagesse et de son amour. Ce n'est rien moins qu'un fils, à rendre digne de voir et de posséder Dieu son père, de partager sa propre gloire. Et que ferait cette créature privilégiée, en se rendant infidèle aux principes ? Elle s'arracherait aux mains divines, pour se défaire et se détruire elle-même.

Or, n'est-ce pas là, précisément, ce que fait notre France moderne, avec son esprit nouveau, avec ses prin-

1. « Manus tuæ fecerunt me et plasmaverunt me. » (Ps. CXVIII, 73.)

cipes nouveaux, et, spécialement, avec son principe de la souveraineté de la nation? N'est-ce pas le malheur qu'elle se prépare, et le crime dont elle se rend coupable envers le Dieu très bon?

C'est la dernière et très grave question qui nous reste à discuter.

CHAPITRE II

Notre Souveraineté nationale est l'ennemie mortelle de la Tradition.

Ce chapitre aura quatre paragraphes. Il sera traité dans le premier de la guerre faite de tout temps à la Tradition, et des causes de cette guerre. Le deuxième fera connaître le caractère nouveau donné à cette guerre par l'Esprit moderne, au nom de sa Liberté de conscience. Le troisième aura pour objet notre Souveraineté nationale et le rôle qui lui est assigné dans la lutte. L'on verra enfin, dans le quatrième, quels moyens emploie la Révolution pour consommer sa victoire et pour la rendre définitive.

§ I. *D'où vient la guerre faite en tout temps à la Tradition.* — Pourquoi nos idées modernes ne nous inspirent pas, à nous Français du XIXe siècle, une grande défiance.

Indestructibles en eux-mêmes, les principes sont vulnérables du côté de l'homme, dans l'adhésion qu'il leur doit. La convenance qui existe entre eux et l'homme n'ôte pas à celui-ci le pouvoir de leur résister. Aucune erreur, aucun crime dont l'humanité ne se soit montrée capable. Cette infirmité vient, non de l'ignorance, mais des passions rebelles. Ces passions doivent être la première source de notre Esprit moderne et de ses principes, et leur meilleur rempart. Elles sont capables de tous les excès et leur audace peut monter jusqu'à Dieu même. Pour arriver à leurs fins, elles se liguent, et elles peuvent obtenir de la complicité des princes de former une armée redoutable. L'humanité divisée en deux camps ennemis et perpétuellement en guerre. Le camp des ennemis de la vérité.

Quand on regarde la vérité, on a peine à comprendre que l'erreur ait l'audace de se produire, ou la puissance de se faire croire. Telle est peut-être l'impression du lecteur, après qu'il a parcouru, dans les pages qui précèdent, une esquisse imparfaite des principes de la Tradition. Qu'il se rencontre des gens assez malheureux pour attaquer ces principes vénérables, cela peut être. Mais, est-il croyable qu'un peuple, quelque peu sensé qu'on le suppose, surtout un peuple chrétien et catholique, tel qu'est la France, se laisse emporter à ce désordre? Il faut prendre garde de calomnier l'Esprit moderne, en supposant sans preuves suffisantes qu'il aspire à remplacer par d'autres les vieux principes du monde. L'on accorderait qu'il y ait entre le passé et le présent un écart réel, que cet écart touche même aux principes; mais non qu'il aille, de notre part, jusqu'à opposer principes à principes, jusqu'à ne vouloir plus rien garder de l'antique Tradition.

Effectivement, dans tout jugement, avant de prononcer définitivement contre une partie, la justice demande que le délit dont on l'accuse soit démontré et défini exactement.

Il se comprend, au reste, que nos esprits se fassent difficilement à l'idée que nos principes modernes soient bien criminels. Nous vivons en contact journalier avec eux. Nous sommes accoutumés à les voir, à les entendre. Ils sont l'air que nous respirons, le langage que nous parlons, le milieu où nous nous agitons. Ils ont grandi parmi nous, et ils sont de la maison ; que dis-je ! ils en sont devenus les maîtres, et nous habitons chez eux et sous leur toit. Ils peuvent bien choquer des étrangers et leur causer un juste effroi ; il n'en saurait être ainsi pour nous.

D'autant que, pour affermir leur crédit, nos principes ont dû se faire un visage ami et prendre les dehors les plus propres à donner confiance. Car, l'erreur ne s'établit et ne se soutient qu'à la condition de se couvrir des couleurs de la vérité, et, plus ses prétentions sont hardies, plus elle doit mettre d'attention et d'habileté à se travestir.

La sécurité où nous laissent nos idées modernes ne tiendrait-elle pas aux équivoques, aux artifices, aux obscurités dont elles auraient su s'envelopper ? Ne viendrait-elle pas, aussi, des habitudes, des préjugés, des nécessités de la situation qui nous est faite ? Si vous saviez vous abstraire davantage du milieu où vous vivez, si vous dépouilliez ces idées modernes du manteau sous lequel elles se présentent, êtes-vous bien sûrs qu'elles ne vous apparaîtraient pas plus coupables que vous n'osez les faire ?

Il est vrai, comme on l'a vu, qu'envisagés du côté de Dieu, les principes que la main divine a posés défient toutes les attaques ; ils sont indestructibles. Mais, du côté de l'homme, dans l'adhésion et la coopération qu'ils réclament de lui, dans les chefs et les institutions qui leur servent de canal et d'instrument, ils sont vulnérables, et ils peuvent se voir réduits à l'impuissance.

Grande est sans doute, comme on l'a dit aussi, la correspondance des principes avec la raison et les nécessités de l'homme. Quels que soient les bouleversements que traversent les sociétés humaines, tel est toujours l'ascendant qui s'attache aux principes, qu'elles ne peuvent s'en affranchir entièrement. Non seulement ils restent inébranlables à la base de l'édifice ; mais encore ils demeurent en possession d'une influence plus ou moins grande sur les esprits. Ils ne pourraient cesser d'agir tout à fait, sans que la société tombât en poussière.

Et cette action incessante et nécessaire n'est pas propre, uniquement, aux principes de l'ordre naturel. Elle appartient également à ceux de l'ordre surnaturel, à l'Église dont ils sont les éléments constitutifs. Toutes les puissances ennemies auront beau comploter sa ruine ; elles pourront lui faire des blessures très sensibles, arracher de son sein des multitudes nombreuses, des nations entières. Jamais elles ne parviendront, je ne dis pas à la renverser, mais à l'empêcher même d'être *catholique*, mère de fidèles innombrables dans toute l'étendue du monde.

Mais, quelque grande que l'on suppose cette convenance réciproque entre l'homme et les principes, elle ne lui enlève pas son libre arbitre ; et il peut en abuser jusqu'à résister à l'autorité des principes mêmes, jusqu'à vouloir s'en rendre pleinement indépendant.

« L'homme, dit l'Écriture, a été placé dans la main de son conseil : il a devant lui le bien et le mal, la vie et la mort, et c'est à lui de choisir entre les deux »[1]. Le

1. « Deus reliquit illum in manu consilii sui. Adjecit mandata et præ cepta sua. Si volueris mandata servare, conservabunt te... Ante hominem vita et mors, bonum et malum. Quod placuerit ei, dabitur ei. » Eccli., xv, 14, 15, 16, 18.)

bien et la vie, c'est la fidélité à marcher dans la voie ouverte par les principes. Abandonner cette voie, c'est la mort.

Ne présumez pas trop de la sagesse humaine, depuis que le premier homme, à peine sorti des mains de Dieu et bien qu'orné des dons les plus beaux, s'est laissé prendre aux pièges du prince des ténèbres. Parcourez les annales de l'esprit humain, interrogez toutes les nations, et dites s'il est une erreur ou un crime dont les sociétés elles-mêmes ne se soient pas trouvées capables. « Tout homme est sujet au mensonge » [1], et il n'est pas de séduction dont il ne puisse être victime.

Or, d'où vient à l'homme cette triste infirmité?

Serait-ce de l'ignorance des principes? Non ; telle n'est pas du moins la première et principale source. Les principes « ne sont pas de ces paroles ou de ces discours dont la voix ne s'entende pas. Leur langage retentit par toute la terre... et il n'est personne qui soit soustrait à sa chaude influence » [2].

Non, l'opposition aux principes ne vient pas tant de l'ignorance que des passions, lorsque, au lieu de se soumettre à la raison, elles l'asservissent elle-même à leur honteuse tyrannie. Le libre arbitre est placé entre la raison et les passions. La raison l'incline sous le sceptre des principes. Mais les passions, si elles n'ont pas été façonnées aussi à l'obéissance, si elles se nomment l'ambition, l'envie, la luxure, la cupidité... les passions indisciplinées s'efforcent d'entraîner le libre arbitre

1. « Omnis homo mendax. » (Ps. 115, 2.)

2. « Non sunt loquelæ, neque sermones, quorum non audiantur voces eorum. In omnem terram exivit sonus eorum... Nec est qui se abscondat a calore ejus. » (Ps. 18.)

dans la révolte, et trop souvent, hélas ! elles parviennent à l'emporter sur la raison.

En effet, le propre de la passion est de ne connaître et de ne vouloir que le bien particulier, sans égard à la relation qu'a ce bien avec le bien commun ; elle ne tient compte, ni de l'ordination divine, ni, par suite, de la mesure et de la règle suivant lesquelles chaque bien doit être recherché ou possédé.

Autre défaut : la passion ne saurait porter son regard delà de la vie présente ; les biens éternels ne sont d'aucun prix à ses yeux, non plus que les biens spirituels qui en sont le commencement et la semence.

Enfin, elle n'écoute que l'amour de soi, au mépris de Dieu, qu'elle ne peut ni connaître ni aimer.

Autant de traits qui font de la passion un sujet insoumis par nature, toujours prêt à s'insurger contre la raison, sa maîtresse, et à s'arroger le commandement.

Telle doit donc être la première origine de nos principes modernes, du moins quant aux différences qui les séparent de la Tradition, et c'est en vain que l'on tenterait de leur assigner une autre cause.

Cela veut-il dire que tous ceux qui, parmi nous, professent les principes modernes, ne le font que pour obéir à l'entraînement de leurs passions ?

A Dieu ne plaise. Les artifices de l'erreur, les contraintes de la violence, les préjugés de l'éducation et de la coutume, l'empire du fait accompli expliquent suffisamment l'adhésion du très grand nombre. Mais, chez les inventeurs, la première idée appartient certainement aux passions. Ce sont les passions qui ont enfanté les idées modernes et qui les ont propagées et implantées chez nous, par toutes les ressources dont elles ont le secret; ce sont elles qui, maintenant encore, font leur meilleur, pour ne pas dire, leur unique rempart.

Or, si telle est la cause d'où proviennent nos principes, à quels excès n'est-on pas en droit de s'attendre? Traversées dans leurs convoitises, les passions ne savent que s'irriter et s'armer de la haine contre tout ce qui leur est contraire. Toute loi surtout leur déplaît, parce qu'elles y rencontrent une lumière qui les confond, une autorité qui les reprend, les juge, les condamne et les punit. Les lois divines ne sont point épargnées. Et, comme il est dans la nature de la haine de vouloir se défaire de son objet à tout prix, même par la mort, les passions ne reculent pas, et, s'il le faut, elles iront jusqu'à la dernière limite. Elles poursuivront cette loi importune dans la conscience et la tradition, ses organes et ses témoins, jusque dans le sein de Dieu lui-même, sa première origine et sa sanction suprême. « Ceux qui veulent le mal ne souffrent pas la vérité qui condamne le mal [1]. » A la conscience, aux princes et aux docteurs, à Dieu même, les passions diront : « Dites-nous des choses qui nous plaisent, donnez-nous plutôt des erreurs; éloignez de nos yeux ce qui s'appelle la vie, écartez ce qui se nomme la voie et la règle [2]. » Ou bien, elles s'efforcent de se rendre la loi favorable, en la corrompant, avec la complicité de la conscience, de la tradition, même de l'idée divine. C'est déjà la faire mourir. Mais, résiste-t-elle? Ses témoins restent-ils incorruptibles? La sainteté divine se dérobe-t-elle aux mains

1. « Dum esse volunt mali, nolunt esse veritatem qua damnantur mali. » (S. Aug. in Joan., *Tract.* 90.)

(2) « Loquimini nobis placentia, videte nobis errores, auferte à me vitam, declinate à me semitam. » (Isa., xxx, 10, 11.)

sacrilèges? Ne croyez pas que les passions s'arrêtent. « La superbe de ceux qui vous haïssent, Seigneur, monte toujours [1]. » Elles porteront leurs coups plus haut, si elles le peuvent; elles ne s'arrêteront qu'après avoir tué la loi, tué ses témoins, et, autant qu'il est en leur pouvoir, tué Dieu lui-même. « L'insensé a dit dans son cœur : Dieu n'est pas [2]. »

Quelle audace, et comment croire qu'elle obtienne crédit entre les hommes?

Hélas! grande est la puissance des passions, et immense le rôle qu'elles jouent dans les affaires humaines. Il est vrai que les vérités se soutiennent entre elles et qu'elles forment un faisceau difficile à rompre. Il est vrai, en outre, que les chefs des peuples n'ont le pouvoir et la force que pour défendre, contre les attaques des passions, les droits de la vérité et de la justice, les droits de Dieu même qu'ils représentent. Enfin, les passions se font réciproquement la guerre, et il leur est impossible de garder entre elles la concorde et la paix. Mais, ayant toutes devant elles le même ennemi, elles savent sacrifier leurs discordes aux nécessités de la lutte; elles unissent leurs forces, elles combinent leurs plans, elles forment une coalition d'autant plus redoutable qu'elle est moins scrupuleuse dans le choix et dans l'usage de ses machines de guerre.

D'autre part, les princes sont accessibles, autant et plus que les autres, aux amorces des passions; d'où il

1. « Superbia eorum qui te oderunt ascendit semper. » (Ps. 73.)

2. « Dixit insipiens in corde suo : non est Deus. » (Ps. 13.) — Voir saint Thomas, *Somme Théol.*, 12, q. 29, a. 5. — Bossuet, *Sermon sur la haine de la vérité.*

peut arriver, et il n'arrive que trop souvent, qu'eux-mêmes, trahissant le devoir le plus sacré, mettent la puissance au service du mensonge et lui donnent de devenir comme une armée fortement disciplinée et capable, non seulement de résister avec avantage, mais de vaincre et d'imposer aux hommes sa honteuse tyrannie.

Ainsi, de même qu'il y a dans chacun de nous deux volontés, deux esprits, deux hommes, à savoir : la raison rectifiée et soutenue par la grâce ou l'homme raisonnable, et les instincts des passions ou l'homme inférieur; de même que ces deux hommes se font en nous une guerre continuelle, l'homme inférieur résistant toujours à l'autorité du premier et s'efforçant d'arriver à la domination; de même, l'humanité se voit divisée en deux camps ennemis, et les combats qu'ils se livrent ne sauraient avoir ni paix ni trêve. C'est l'antagonisme permanent de la vérité et du mensonge, du bien et du mal, des bons et des méchants, des enfants de la lumière et des enfants des ténèbres, de la cité de Dieu et de la cité du monde, en un mot, « de l'amour de Dieu jusqu'à la haine de soi, et de l'amour de soi jusqu'à la haine de Dieu [1]. »

L'histoire de ce combat, c'est toute l'histoire de l'humanité.

La vérité a précédé. Mais à peine a-t-elle commencé de luire, qu'elle a rencontré la contradiction. Si elle se contentait de luire, son seul éclat la ferait aimer de tous. Mais, en même temps qu'elle luit, elle commande, elle loue, elle récompense le bien; elle défend, elle

1. « Amor Dei usque ad odium sui, amor sui usque ad odium Dei. » S. Aug.)

blâme, elle châtie le mal. C'est trop pour la faire aimer des méchants ; c'est assez pour la leur rendre haïssable. « Ils l'aiment pour son éclat, ils la haïssent pour ses réprimandes [1]. » Ayant préféré le mal au bien, il faut nécessairement qu'ils préfèrent les ténèbres à la vérité [2] ; il faut, qu'ayant donné leur amour aux ténèbres, ils ne sachent plus que haïr la vérité, et, partant, qu'ils la persécutent à outrance, qu'ils la bannissent de partout, jusqu'à la renverser avec Dieu, s'il était possible, du trône qu'elle occupe dans le ciel, afin de mettre en place de cette divine Reine le hideux usurpateur qui se nomme le mensonge.

Telle est la guerre faite de tout temps à la vérité, aux principes, à Dieu même. C'est la guerre des passions impatientes du frein et de la règle. Elles sont la source d'où émanent nos principes modernes. Il faut voir maintenant de quelle manière ils en sont sortis ; l'on jugera si l'effet répond bien à la cause.

§ II. *Caractère nouveau donné par l'Esprit moderne et sa liberté de conscience à la guerre contre la Tradition.* — Quand les passions peuvent se rendre maîtresses de la Tradition et des principes, elles se bornent à les corrompre. Nécessité d'une autre tactique dans la France. Cette tactique nouvelle caractérisée par la liberté moderne de conscience. Sous prétexte que la Tradition opprime la conscience et déshonore la Divinité, l'Esprit moderne dénie à quiconque le droit de commander au nom de Dieu. Il tient les principes de la raison pour une règle suffisante. Le libre examen doit remplacer la foi.

En écartant la Tradition, l'Esprit moderne écarte, du même coup, et les principes, et l'autorité divine, source première et substance des principes. Il s'est donc mis, par sa liberté de conscience, en opposition directe et radicale avec la Tradition même et ses principes.

1. « Amant eam lucentem, oderunt eam redarguentem. » (S. Aug., *Conf.*, x, 23.)
2. « Dilexerunt magis tenebras quam lucem. » (Joan., III.)

Non seulement la résistance aux principes est de tous les temps ; mais cette résistance a pris toutes les formes, elle a employé toutes les armes. « Il n'y a rien de nouveau sous le soleil »[1] ; et, dès le temps de David, de Job, les impies s'accordent à proférer des cris de guerre, à concerter des plans qui ressemblent de bien près à ceux de notre âge. Ils disaient à Dieu : « Retirez-vous de nous, nous ne voulons pas de la science de vos voies. Qui est le Tout-Puissant, pour que nous soyons tenus de le servir[2] ? » Et entre eux : « Faisons cesser sur la terre tous les jours de fête en l'honneur de Dieu ; il n'y a plus de prophète[3]. » « Nous magnifierons notre langue ; nos lèvres nous appartiennent. Qui donc est notre maître[4] ? »

En général cependant, et partout où les passions peuvent mettre la main sur les principes, elles s'abstiennent d'en effacer l'empreinte dans l'esprit des peuples. Il leur suffit, dans ce cas, d'en corrompre l'idée, d'en vicier les déductions, et, de cette façon, elles confisquent à leur profit l'autorité souveraine de ces vénérables principes.

Telle fut leur tactique dans l'antiquité : les doctrines populaires, les mœurs, les institutions, tant dans l'ordre religieux que dans l'ordre politique, les passions firent tout servir à la satisfaction de leurs appétits, tout, jusqu'à l'idée divine. Au lieu de nier la Divinité, elles

1. « Nihil sub sole novum. » (Eccles., I, 10.)

2. « Recede a nobis et scientiam viarum tuarum nolumus. Quis est Omnipotens ut serviamus ei. » (Job., XXI, 14, 15.)

3. « Quiescere faciamus omnes dies festos Dei a terra... jam non est propheta. » (Ps. LXXIII, 8, 9.)

4. « Linguam nostram magnificabimus ; labia nostra a nobis sunt, Quis noster Dominus est ? » (Ps. II, 5.)

s'emparèrent de ses attributs pour les transporter aux créatures, pour s'en couvrir elles-mêmes comme d'un manteau sacré, et diviniser toutes leurs infamies. Tout était Dieu, excepté Dieu même.

Même tactique depuis Jésus-Christ, là où l'Évangile n'a point établi son règne, là même où il a été possible de l'altérer et de lui faire une condition secondaire et subordonnée.

Mais, dans les lieux et aux époques où il a été reconnu impossible d'entamer l'Église, gardienne du Christianisme, en France notamment, où ni l'hérésie ni le schisme n'a pu s'implanter, quel a été le plan de campagne adopté par les passions? Car, quant à désarmer, impossible qu'elles s'y résignent jamais. Elles sacrifieraient l'humanité plutôt que leurs convoitises.

En d'autres termes, quelle est, vis-à-vis des principes et de leur tradition, l'attitude de l'Esprit moderne et des idées qu'il préconise? La Révolution s'est-elle bornée à altérer les vieux principes, à les adapter aux exigences des temps présents, à les *moderniser;* ou bien porte-t-elle ses aspirations jusqu'à les faire disparaître d'entre les hommes ?

C'est toujours la même question qui fait l'objet de cette troisième partie. Le moment est enfin venu d'en donner la solution. Cette solution, l'on a pu la pressentir dans les causes qui viennent d'être données du changement opéré chez nous par la Révolution. Elle va ressortir nettement du terme auquel aboutit ce changement, et c'est à voir quel est précisément ce terme que sont consacrées les dernières pages de cette étude.

En tête du programme nouveau est inscrite la liberté de conscience. La liberté de conscience est le point de départ, le fondement et l'âme de tout le système. En quoi consiste-t-elle?

L'Esprit moderne affecte de regarder la conscience humaine comme une malheureuse opprimée, victime, jusqu'à lui, d'une tyrannie d'autant plus odieuse qu'elle s'imposait au nom de la Divinité. Cette pauvre esclave, il l'a prise sous son patronage ; il s'en est constitué le libérateur, l'avocat et le vengeur.

Il se vante, d'autre part, de replacer Dieu sur le trône d'où l'on n'aurait jamais dû faire descendre son inviolable majesté, pour la commettre dans les affaires humaines, sujettes à tant de contestations et de faiblesses criminelles. Ce qu'il se propose, c'est de mettre fin au trafic honteux qui s'est fait de l'autorité divine parmi les hommes.

Pour atteindre ce double but, il est nécessaire de dénier le droit de parler au nom de Dieu, à quiconque se prétend investi de ce pouvoir. Point d'exception. Il n'est pas vrai, du moins il n'est pas certain, que le Seigneur ait parlé en personne à quelques hommes, ni, surtout, qu'il leur ait donné pouvoir, à eux et à leurs successeurs, de Le représenter, de transmettre au reste des hommes cette parole, ces choses à croire et à observer. Est-il possible que le Très-Haut ait communiqué sa propre autorité à de simples créatures, et sur leurs semblables ?

D'ailleurs, quel besoin l'homme a-t-il d'une telle autorité s'imposant à lui du dehors? N'a-t-il pas, dans sa raison et dans sa conscience, des vérités, des préceptes, des *principes* réels, destinés à l'éclairer et à le régir? Paul, le grand docteur des chrétiens, avoue lui-même que les Gentils ont pu se passer de la loi judaïque, qu'ils connaissaient et observaient *naturellement* les choses de cette loi, qu'ils étaient à eux-mêmes leur propre loi [1].

Que si vous tenez à une règle qui soit de Dieu et qui en ait l'autorité, les principes de la conscience ne remplissent-ils pas cette condition? N'est-ce pas faire injure à cette parole intérieure et immédiate de Dieu à chacun, que d'y joindre une parole extérieure venant de fort loin et passant par une multitude de bouches humaines ? Si l'homme a reçu en propre la raison, la conscience, afin d'être en état de se gouverner avec une pleine responsabilité de ses actes ; s'il a été mis dans la main de son conseil et investi, par le libre arbitre, d'un domaine réel sur lui-même et sur ses déterminations, comment admettre qu'il doive, d'autre part, soumission à une direction étrangère et qui peut être contradictoire? D'autant que celle-ci s'attribuerait le droit de devancer la raison, de la prendre au moment où elle ne fait que de naître, pour lui servir de maîtresse et de tutrice. Bien plus : elle se conduit à l'égard de la plupart des hommes, comme s'ils ne devaient jamais arriver à la pleine lumière de la raison ; et, au lieu de les enseigner à se conduire par eux-mêmes, elle semble prendre à tâche de les tenir dans sa dépendance, de leur présenter une voie toute tracée et toute ouverte, où ils n'aient qu'à marcher en enfants dociles.

C'est assez de cette tutelle qui étouffe, dans son germe, le libre essor de la spontanéité humaine. Que chacun soit laissé à sa raison, à sa conscience, à son

1. « Cum enim gentes, quæ legem non habent, naturaliter ea quæ legis sunt faciunt, ejus modi legem non habentes, ipsi sibi sunt lex. » (Rom., II, 14.)

libre arbitre. Au plus, aidez-lui à entrer dans la pleine possession de sa puissance native, par l'instruction, par les conseils, par tous les moyens propres à éveiller et à stimuler son activité naturelle. Tel est tout le rôle de la société à l'égard de la conscience privée. Si le domicile des particuliers est de soi inviolable, à plus forte raison la conscience, ce domicile par excellence de l'homme, son chez soi le plus intime, l'asile sacré de sa personnalité. Respectez ce sanctuaire, et, surtout, gardez-vous d'en forcer l'entrée au nom d'un droit qui n'appartient qu'au Très-Haut. Au lieu d'affirmer avec empire, au lieu d'obliger au nom de Dieu à croire et à faire ce que vous estimez juste et vrai, invitez à examiner, ouvrez une discussion, excitez à la recherche. Abordez votre semblable à armes égales. Donnez-lui des doctrines dont il se justifie l'exactitude ; proposez-lui des lois dont il s'avoue la légitimité. En un mot, arrière la foi, qui suppose dans l'homme une raison impuissante, ou qui, en lui imposant un symbole ou un décalogue dressés d'avance, le dispense du labeur le plus noble, le frustre du fruit le plus savoureux, la recherche et l'acquisition de la vérité. La foi est la mère et la nourrice de la paresse, de l'ignorance et de la superstition. Elle ne fait pas des hommes. Il faut la remplacer par la discussion, par les investigations d'un examen sévère, par le choc des opinions libres. C'est le seul chemin qui conduise à la vraie science, à cette science qui se comprend, qui se rend compte d'elle-même, qui fuit l'obscurité et le mystère, qui aime la clarté et le grand jour ; la seule science qui réponde aux exigences de la raison et à la dignité de la conscience.

Voilà l'Esprit moderne et sa Liberté de conscience. Voilà l'idée-mère de son programme, non pas pourtant, telle qu'elle se dévoile dans le cercle intime des maîtres les plus autorisés, mais avec les tempéraments que réclame le public auquel on s'adresse.

Il n'y a pas à discuter ici la valeur intrinsèque du système. Une seule chose importe à la question, la position qu'il a prise en face du passé de l'humanité et des premiers commencements que le Créateur a donnés au monde.

Or, quelque adoucies que soient ses formes, la pensée moderne va manifestement à renverser le règne des principes qui ont gouverné jusqu'ici le genre humain. De là, cette défense faite à tout homme de s'interposer entre Dieu et la conscience individuelle. Cette défense vise directement la tradition et la mission divine qu'elle s'attribue parmi les hommes ; mais, du même coup, elle atteint les principes mêmes. Car, supposez la Tradition condamnée au silence, c'en est fait aussitôt des principes qui, par sa bouche, se répétaient d'âge en âge. La génération présente cesse d'être en communication avec les premières origines. Elle se trouve réduite à ses propres ressources, et, supposé que le passé ne cesse pas entièrement d'exister pour elle, il n'a plus rien de l'autorité divine qui en faisait une loi sainte et inviolable. Ce passé n'est admis qu'à fournir des doctrines discutables, bonnes simplement pour la spéculation, et sans influence nécessaire sur le présent.

En est-il autrement de l'idée même de Dieu créateur, du principe des principes ? Non sans doute, puisque, empêchée, elle aussi, de s'affirmer par la tradition, elle n'a plus d'autre appui ni d'autre lieu où elle puisse se produire avec autorité, que la conscience des particuliers. Hors de là, c'est une opinion libre, impossible à transformer jamais en dogme, incapable de servir de base à une obligation publique.

Il y a plus : parce que l'idée de Dieu ne va point sans celle de l'autorité la plus haute et la plus nécessaire, c'est une idée devenue suspecte, qu'il ne faut mettre en circulation qu'avec toutes sortes de précautions, de peur de porter atteinte à la liberté de conscience. Cette liberté est d'une susceptibilité extrême, et, son ennemie directe, c'est précisément l'autorité divine, si peu qu'elle paraisse s'imposer du dehors. L'Esprit moderne poursuit donc les principes de la Tradition jusque dans leur source, l'autorité de Dieu, laquelle fait en même temps leur substance et leur force. Il n'en laisse donc rien subsister ; il fait table rase de tout.

Après cela, que l'Esprit moderne se vante de respecter les principes propres de la raison, de la conscience ; d'épargner l'autorité divine qui les rend obligatoires pour chacun dans le for individuel, l'on n'a pas à examiner en ce moment la sincérité de ses intentions à cet égard. Il ne s'agit, présentement, que des principes de la Tradition et du sort qu'il leur veut faire. Ces principes, et mieux, l'autorité qui leur est propre, la volonté divine dont ils sont l'expression, il n'en veut à aucun prix. S'il consent à en tolérer le souvenir, ce ne peut être qu'à titre d'abstractions pures, de conceptions surannées d'une métaphysique nébuleuse.

Au lecteur, maintenant, de porter son jugement. Les pièces du procès sont sous ses yeux. Point de milieu ; la sentence est à prononcer entre deux parties diamétralement opposées, la Tradition et la Liberté de conscience, les premiers principes du monde et l'esprit moderne, l'autorité sacrée du Créateur, du Père du genre humain et la rébellion impie autant qu'insensée des passions. Entre ces termes existe la même contrariété qu'entre le jour et la nuit, le oui et le non, le bien et le mal, la vie et la mort. C'est un duel à mort, à l'égard duquel il n'est permis à nul homme de se renfermer dans l'indifférence ou la neutralité.

Eh bien ! soit, dira-t-on peut-être : l'Esprit moderne et sa liberté de conscience méritent un jugement sévère. Mais, gardons-nous de confondre la cause de la Souveraineté nationale avec la leur. Que l'on condamne absolument la Liberté de conscience, qu'on la répudie entièrement comme un crime ; que l'on condamne même l'Esprit moderne pour avoir enfanté et propagé un tel fruit ; très bien. Mais n'étendons pas l'anathème à tout ce que l'esprit nouveau a pu produire, et, notamment, à la Souveraineté nationale, chose d'ordre purement politique qui doit rester hors du débat.

Si telle était la disposition du lecteur à l'endroit de notre Souveraineté nationale, qu'il veuille bien accorder son attention au paragraphe qui va suivre. Il y est question, justement, de ce régime nouveau, et de la part qui lui est faite dans la lutte de la Liberté de conscience contre la Tradition.

§ III. *Quelle part est faite, dans la guerre contre la Tradition, à notre Souveraineté nationale.* — Il faut éviter de se faire de notre Souveraineté nationale une conception arbitraire.

Son origine : elle est fille de l'Esprit moderne et de sa liberté de conscience. Cette liberté aspire à chasser Dieu de toutes les choses humaines ; ce qu'elle ne peut faire que par degrés. Elle a commencé par rompre l'alliance du spirituel et du temporel, pour s'attacher ensuite à la conquête du temporel, et premièrement de la souveraineté. La souveraineté elle-même n'a été gagnée que graduellement. Isolée d'abord de l'Église, puis du Christianisme ou de Jésus-Christ, elle l'a été enfin de Dieu même. Le terrain politique réclamé pour terrain neutre. Les principes de la raison et les conventions humaines présentés comme les seules bases de la société. Royauté, clergé et noblesse, après avoir fait le premier pas, refusent d'aller plus loin. Explosion de 89; la souveraineté nationale proclamée, et d'abord aux mains des partisans les plus décidés de la liberté de conscience. Après l'ouragan, un certain calme, à la faveur duquel la liberté de conscience et la souveraineté nationale sont acceptées par la généralité des Français, comme une nécessité fâcheuse par les uns, comme un droit absolu par les autres.

Engendrée par la liberté de conscience et pour les besoins de sa cause, notre souveraineté nationale ne saurait être autrement disposée que sa mère au regard de la Tradition et de ses principes. Aucun de ces principes n'a trouvé grâce devant elle, pour l'ordre politique; aucun, sans excepter le droit de Dieu. Elle a inauguré l'*État laïque, l'État sans Dieu.*

Il y a plus : la liberté de conscience demande à la souveraineté nationale de poursuivre en tout lieu le droit divin, de faire *l'homme sans Dieu.*

Donc, notre souveraineté de la nation n'a reçu l'être et ne le conserve que pour exécuter les hautes-œuvres de la liberté moderne de conscience, sa mère et sa maîtresse. Il faut la juger, non par des inconséquences que nécessite la situation, mais par l'ensemble de la conduite, et spécialement par les hommes et les événements qui la laissent plus libre d'agir.

Telle est notre habitude, à nous, Français du XIXe siècle, d'envisager surtout les questions par leur côté spéculatif, de raisonner sur des abstractions; à ce point que, si nous n'y prenons garde, un idéal de fantaisie remplace dans nos pensées la réalité, au grand détriment de la vérité et de la justice. Aussi n'est-il pas inutile de rappeler ici l'observation faite au début de cette étude. C'est que la souveraineté nationale en question n'est nullement une conception arbitraire. Il s'agit de l'idée que la France moderne s'est formée de la vie politique pour son propre usage. Cette idée doit se prendre telle qu'elle est entendue et pratiquée, et non telle qu'il plairait à chacun de l'imaginer.

Or, la première question examinée dans cette étude a reçu cette solution, que la Souveraineté de la nation inaugurée dans notre pays, il y a bientôt un siècle, est chose profondément nouvelle et particulière à la France. C'est, manifestement, un fruit de l'Esprit moderne. Cette paternité, du reste, ni l'Esprit moderne, ni la Souveraineté nationale ne songent à la désavouer. Loin d'en rougir, ils s'en font hautement un mérite et une gloire. De là, les noms d'*État moderne*, de *Société moderne*, portés fièrement par notre Souveraineté nationale.

Mais cette paternité ne va point seule. Si l'Esprit moderne est le père de notre souveraineté de la nation, elle a nécessairement pour mère la Liberté de conscience. Car, impossible de séparer l'Esprit moderne et la Liberté de conscience; impossible d'attribuer à chacun sa voie ou son action propre, en sorte qu'il y eût lieu de se demander duquel procède notre Souveraineté de la nation. L'un et l'autre ne font qu'un. Ou mieux, l'Esprit moderne est une idée ou une appellation vague qui a besoin d'être définie, et qui ne se définit exactement que par la Liberté de conscience. La Liberté de conscience donne à l'Esprit moderne son caractère, en lui donnant sa raison d'être et sa fin. C'est elle qui le met en mouvement; elle qui inspire et anime tout ce qu'il fait. D'où il suit que, si notre Souveraineté de la nation est de l'Esprit moderne, elle n'en est qu'en raison de la Liberté de conscience dont elle est avant tout et directement la fille.

Cette genèse peut aisément se démontrer, et il convient de lui donner un plus grand jour, afin de se mieux convaincre que notre Souveraineté nationale partage le crime de la Liberté de conscience, sa révolte contre l'ordre immuable établi par Dieu même.

La Liberté de conscience n'admet pas de bornes ; elle convoite le monde entier, et elle aspire à détruire le règne de Dieu chez tous les peuples et dans tous les actes de leur vie publique et privée. Robespierre disait : tant qu'il y aura quelque part un seul roi par la grâce de Dieu, la Révolution n'aura pas accompli sa tâche. La libre-pensée dit de même : tant que Dieu sera nommé quelque part, je ne tiendrai pas mon empire pour assuré. Immense est donc l'entreprise, et il n'est pas possible de l'effectuer tout d'un coup, ni même de la poursuivre sur tous les points à la fois. L'ennemi se défendra résolument, et il faudra lui enlever pied à pied le terrain.

Dans le vaste champ à conquérir, il y a les choses de l'ordre naturel et celles de l'ordre surnaturel. Elles se mêlent et s'embrassent étroitement, et, tant que leur union se maintiendra, elles seront inexpugnables. La première chose à faire, c'est donc de rompre le faisceau, et, s'il est possible, de séduire, d'attirer à soi l'un des deux alliés, pour le tourner ensuite contre l'autre ; *divide ut regnes.*

Évidemment encore, celui des deux à tenter de préférence, ce n'était pas le plus fort, l'aîné, le supérieur. On n'a pas manqué de l'attaquer lui-même. On a remporté sur lui de sérieux avantages. Mais rien jusqu'ici de décisif. L'ordre surnaturel est toujours debout et toujours aussi ferme. Le plus court et le plus sûr serait, sans doute, de commencer par lui. Il est la tête, il est le cœur, il est la vie de tout le corps. Lui abattu, tout s'écroulerait. Le succès ne répondant pas aux désirs, on n'a pas pour cela renoncé à tout espoir de ce côté. Mais on a mis surtout ses soins à gagner l'ordre naturel.

L'ordre surnaturel dépend directement, immédiatement de l'Église. L'ordre naturel n'en dépend qu'indirectement. Le premier est plus particulièrement imprégné de l'idée de Dieu : c'est l'ordre propre de Dieu, étendu et communiqué à l'homme. Le second est, proprement, l'ordre de l'homme. Ce qui fait et soutient leur union, c'est la dépendance où est le second de l'autorité de l'Église. Cette dépendance est donc le point précis où doit porter l'attaque. « Le cléricalisme, voilà l'ennemi. » Voilà l'ennemi à chasser de l'ordre naturel, à refouler dans l'ordre spirituel d'où il n'aurait jamais dû sortir. L'ordre naturel est le domaine propre de l'homme, de sa raison. Il est juste que l'homme soit maître chez lui.

Affranchir l'ordre naturel de l'autorité de l'Église, le séculariser, et, pour employer le jargon de la secte, le *laïciser;* lui attribuer, sous prétexte de revendication, la meilleure partie et le plus qu'il serait possible des biens, des fonctions et des pouvoirs possédés jusque-là en commun; refouler de plus en plus l'Église, jusqu'à lui enlever enfin, s'il se peut, toute place au soleil, la bloquer dans un espace toujours plus resserré et la faire mourir d'inanition; en attendant, affecter de regarder l'ordre spirituel comme une chimère et une imposture, qui a pu avoir autrefois son utilité, mais qui a fait son temps; le présenter comme indigne qu'un esprit sérieux s'occupe de lui et qu'il le discute; ne tenir compte que du nombre et de la force de ses adhérents, pour régler la conduite à observer à leur égard; enfin, n'envisager l'Église que comme une institution purement humaine, qu'une nécessité de fait oblige seule à respecter, et remplacer l'ancienne alliance du spirituel et du temporel par un *modus vivendi* de pure convention, qui rappelle plutôt les règles d'un combat singulier entre deux ennemis mortels... tel est le plan de campagne adopté et poursuivi de préférence par l'Esprit moderne.

Ici va paraître la Souveraineté nationale, avec le rôle qui lui est assigné dans le combat.

Dans l'ordre temporel que de choses différentes : les lettres, les arts et les sciences, spécialement la philosophie, l'histoire; la famille et les institutions civiles; les formes politiques, et surtout le pouvoir souverain. Par où commencer l'ouvrage de la *laïcisation*, ou du moins, sur quel point porter le principal effort? S'emparer des lettres, des arts, des sciences, s'en servir pour révolutionner l'opinion et battre en brèche les lois et les institutions en possession, c'était bien sans doute. Mais il fallait arriver à renverser et à remplacer ces lois et ces institutions; il fallait passer des idées aux faits. Et comment en venir là, tant que le pouvoir suprême resterait le fidèle allié de l'Église! Faute de son concours, la Liberté de conscience risquait fort de n'être jamais autre chose qu'une théorie et une tendance. Qu'on réussisse au contraire à le *laïciser*, l'on peut compter que par lui l'on viendra à bout du reste. Car, non seulement son autorité domine tout, mais il a en main des ressources et, spécialement, une force matérielle, qui lui permettent de briser tous les obstacles.

Au surplus, si l'autorité est l'objectif propre des attaques de l'esprit nouveau, ne faut-il pas qu'il vise principalement celle qui est la règle et la gardienne des autres, celle dont les prétentions au droit divin offusquent davantage? Que l'autorité souveraine soit donc arrachée la première de son piédestal. Sa chute entraînera infailliblement celle des autorités secondaires.

Mais, la souveraineté temporelle n'a pu elle-même être laïcisée que graduellement.

Les adeptes de la libre-pensée ont dit d'abord aux princes : Distinguez dans votre personne l'homme privé et l'homme public, le catholique et le souverain. Comme souverains, ne dépendez plus du Pape ou de l'Eglise, ni directement, ni indirectement. Vous relevez en droite ligne de Jésus-Christ, et vous avez son Évangile entre les mains. A vous-même de voir ce qu'ils vous permettent ou vous défendent. Si le Pape et les évêques sont les représentants de Jésus-Christ au spirituel, ne l'êtes-vous pas au temporel? Il est, d'ailleurs, un grand nombre de vos sujets qui ont cessé de croire au Pape et à l'Église, qui même ne ressentent pour leur autorité et leur mémoire qu'aversion et mépris; gens du reste honorables et de grande ressource pour le bien public. Vous êtes leurs chefs et leurs pères ; ils vous doivent soumission et amour. Vous ne serez ce que vous devez être pour eux, et, réciproquement, ils ne seront pour vous tout ce qu'ils doivent être, qu'autant que vous ne vous laisserez point influencer par le Pape et les évêques. Donnez-nous donc cette assurance que c'est à vous seuls que nous obéissons au temporel. Car, pour le pape et les évêques, nous n'en voulons plus à aucun prix dans cet ordre de choses. Autrement, ils continueraient d'être partout, à tout instant, avec cette autorité et ces armes spirituelles dont ils ont seuls l'usage. La partie est trop inégale, et, le passé nous l'apprend assez, les conflits seraient perpétuels. Au nom des droits et de la dignité du pouvoir temporel, au nom de la paix et de la confiance mutuelle entre les deux ordres, il faut mettre fin à une ingérence trop longtemps subie.

Plus tard, les nouveaux docteurs, montant ou descendant d'un degré, dirent aux princes : Ne vous réclamez plus de Jésus-Christ, de l'Évangile, du Christianisme. Pourquoi ? Parce que, tant que vous le ferez, il n'y aura point d'émancipation véritable du côté de l'Église. Les Français ne sont-ils pas catholiques, en très grande majorité, et, partant, obligés de croire que Jésus-Christ et l'Évangile, c'est l'Église, c'est-à-dire les prêtres, les évêques et le pape? Au reste, la souveraineté temporelle et la société qu'elle régit existaient avant le Christianisme, et, dans une grande partie du monde, elles existent encore sans lui. Issues de la nature et de la raison, elles doivent tirer de cette source tout ce qui leur est nécessaire pour vivre et prospérer. Bornez-vous donc à dépendre de Dieu. Vous donnerez satisfaction à nombre de gens, enfants de la France comme les autres et ayant les mêmes droits. Ils ne sont plus chrétiens, ou ils ne le sont que de nom. Ils ne pourraient supporter davantage.

Un dernier pas était à franchir. La libre-pensée le franchit, et, prenant le ton de la sommation, elle demanda le silence sur Dieu même et sur ses droits suprêmes. Effectivement, nommer Dieu devant des chrétiens, devant des catholiques, c'était nommer Jésus-Christ, c'était nommer l'Église. C'était condamner à un échec certain l'entreprise commencée de la sécularisation. C'était commettre une inconséquence, une contradiction évidente.

D'ailleurs, grâce au terrain déjà conquis, le temps était venu de déployer au grand jour le drapeau de la Liberté de conscience. Plus de réserves. L'idée nouvelle s'étala avec toutes ses séductions. L'on mit tout en œuvre, *fas et nefas*, pour l'implanter en France, et, premièrement, pour en imprégner le pouvoir politique et effacer de son front les derniers vestiges du droit divin.

Aux catholiques et au clergé l'on disait : Vous êtes chrétiens et enfants croyants de l'Église ; mais, vous êtes aussi enfants de la France, et, comme tels, vous devez avoir égard aux sentiments, aux volontés de vos concitoyens, aux intérêts de la patrie commune. S'il vous plaît de croire à l'Église, à Jésus-Christ, à Dieu, d'observer ce que vous appelez leurs commandements, on pourra vous en laisser la liberté, vous la garantir même. Mais il faut, pour cela, que vous nous reconnaissiez, à nous aussi, que vous nous garantissiez le droit de ne point partager votre culte. Que les choses politiques deviennent donc un terrain neutre, interdit aux questions religieuses, et, partant, un terrain commun, où il nous soit possible de nous rencontrer et de nous entendre, nonobstant les différences religieuses qui nous séparent. En conséquence, non seulement renoncez pour vous-mêmes à toute immixtion de la religion dans la chose publique ; mais déclarez solennellement que nul au monde ne doit prétendre, pour le présent et pour l'avenir, à un droit de cette nature.

Enfin, à toutes les classes de la société les novateurs tenaient ce langage : Les questions religieuses étant devenues pour les peuples une source de discordes, il faut en désintéresser l'ordre public. Nous n'avons besoin pour lui donner une bonne assiette, ni de l'Église, ni de Jésus-Christ ou de Dieu. L'homme n'est point de lui-même aussi mauvais, ni aussi déshérité que l'Église nous le dit. La critique historique, par les découvertes précieuses qu'elle fait chaque jour, mettra à notre disposition des trésors de lumières et d'expériences. Les principes de la raison sont les mêmes chez tous les hommes, et nous ne pouvons manquer de tomber d'accord sur ce qu'il conviendra de régler et de faire. Sous ce rapport, il n'y a pas à craindre de divisions aussi profondes et aussi implacables que sous le rapport religieux. Les convictions religieuses, où l'autorité et la foi jouent le principal rôle, résistent bien plus à l'accord que les opinions de la raison. La libre discussion conduira donc plus sûrement à l'entente, notamment sur certaines maximes, qui tiendraient lieu de principes ou de fondements pour le nouvel édifice à construire. Les principes communs de la raison et le libre concours des hommes, telle est la vraie base, la seule base légitime, la cause réelle de la société humaine, et non l'idée religieuse qui est affaire purement personnelle. En conséquence, la société civile est la première en droit, la première en date, la plus nécessaire, la seule société parfaite et proprement dite, bien suffisante d'ailleurs, pourvu qu'elle assure, sous la réserve de la liberté de conscience, le libre cours des croyances religieuses.

Donc, que tous les Français soient réputés égaux pour les droits civils et politiques. La volonté divine faisait la distinction entre le souverain et les sujets, entre les supérieurs et les inférieurs. La volonté divine ne devant plus compter pour rien, toutes les inégalités sociales disparaîtront. Il n'y aura plus que des individus, citoyens libres et égaux d'un même État, dont la totalité s'appelle la nation. Il n'y aura plus que la nation, à qui d'ailleurs appartient en propre la pleine souveraineté. Toute autorité doit émaner d'elle, par voie de délégation, tant celle des lois que celle des magistrats, des princes, des rois ou des empereurs. C'est aux membres de la nation à s'aboucher et à convenir, à la pluralité des voix, de ce qu'il est à propos de régler pour le bien commun, et, spécialement, de la forme et des dépositaires du gouvernement.

Ce langage ne peut manquer de plaire en tout temps aux instincts de liberté et d'indépendance, d'orgueil et de suffisance qui sont au fond de notre être. L'homme est toujours le même, toujours facile à entraîner à la tentation de décider, à l'égal de Dieu, entre le bien et le mal, à se croire pourvu pour cela du libre arbitre, à en exagérer l'autorité et la puissance, oubliant qu'il n'en peut user que sous la dépendance de son Créateur. Il est toujours sous le charme de cette parole perfide : « Vous serez comme des dieux, sachant le bien et le mal [1]. » Mais au siècle dernier, l'Europe, et principalement la France, étaient travaillées d'un immense besoin de nouveauté, et les esprits étaient on ne peut plus disposés à « se détourner de la vérité, pour se tourner vers les rêves et les chimères [2] ».

Les princes s'étaient laissé séduire les premiers à l'idée d'être indépendants de l'Église, non plus seulement en fait, ils l'étaient depuis longtemps, mais en droit. Ils avaient franchi cette première étape de l'erreur, de la révolution, de la révolte contre l'ordre divin, avec grand fracas et grande violence, entraînant avec eux en bloc tout l'ordre politique et temporel.

Le clergé lui-même, cédant au conseil d'une prudence humaine et, aussi, au vertige universel, au lieu de résister, avait donné les mains à la rupture.

1. « Eritis sicut Dii, scientes bonum et malum. » (Gen., III, 5.)

2. « A veritate quidem auditum avertent, ad fabulas autem convertentur. » (II. Tim., IV, 4.

Le pas était décisif, comme on l'a vu tout à l'heure, et la logique devait en tirer les conséquences extrêmes. Mais, ces conséquences, ni les princes ni les évêques ne purent être amenés à y souscrire... Malgré des faiblesses déplorables, la royauté et la noblesse étaient restées trop chrétiennes, trop cléricales. Et le clergé, en dépit de ses préventions gallicanes, était et voulait être toujours uni, par le fond des entrailles, au centre de la catholicité. Leur refus d'avancer avait été prévu, et, en même temps, avait été décrété, dans les conseils de la Révolution, le renversement de l'ancienne dynastie et des ordres du clergé et de la noblesse.

On n'a pas à décrire, en ce lieu, par quel concours inouï d'événements la Souveraineté nationale fit explosion en 1789, pour tomber aussitôt aux mains des réformateurs les plus avancés et les plus résolus. De là, pour elle, une première période, la période révolutionnaire par excellence, consacrée, surtout, à démolir tout ce qui appartenait à l'ancien état de choses, consacrée, aussi, à promulguer dans toute leur crudité, à appliquer dans toute leur rigueur, les principes destinés à fonder l'ordre nouveau. Période trop violente pour être durable et pour asseoir un état de choses permanent; faite plutôt pour provoquer une réaction qui eût fini, peut-être, par emporter l'œuvre de la Révolution dans ses parties les plus essentielles.

Aux violents succédèrent les modérés, les opportunistes, qui, par les inconséquences, les compromis, les tempéraments, rallièrent aux idées nouvelles quantité de gens qui en avaient pris frayeur, à la vue des excès affreux auxquels elles avaient ouvert la porte.

Il y avait d'ailleurs, en faveur de ces idées, la raison

du fait accompli. Elles détenaient le pouvoir dont elles s'étaient emparées, et il semblait nécessaire de se plier au régime nouveau. Un grand nombre de catholiques ne se contentèrent pas d'obéir simplement à la nécessité. Ils regardèrent la Liberté de conscience et sa fille, la Souveraineté nationale, non seulement comme un fait avec lequel il pouvait être nécessaire de composer, tout en le condamnant, mais comme un droit, comme une prétention légitime absolument, admettant qu'en tout état de choses, *per se*, et non pas seulement *per accidens*, l'on peut méconnaître l'autorité des principes sans se rendre coupable d'une faute de premier ordre à punir par la société. D'une *hypothèse* particulière à tel lieu ou à telle époque, ils firent une *thèse* s'étendant à tous les peuples et à tous les temps. Ils supposèrent que la société peut se laisser arracher, qu'elle peut s'arracher elle-même de l'ordre divin et se défaire de la constitution que le Seigneur lui-même lui a donnée en la créant.

Quoi qu'il en soit de la nature de l'adhésion donnée au système nouveau, il suffit que le fait ait été accepté, pour que l'on soit en droit de dire de la Souveraineté nationale, que c'est la Liberté de conscience qui l'a faite et qui la soutient : liberté de conscience voulue et imposée par les uns, consentie pleinement comme un droit ou subie comme un fait et une nécessité par les autres.

Telle est donc l'origine de notre Souveraineté nationale. Elle a pour mère et pour nourrice la Liberté de conscience, et partant elle ne saurait être animée d'un autre esprit par rapport aux fondements de l'ordre politique et social.

Mais, qu'est-il besoin de remonter aux sources pour

se convaincre que, vis-à-vis de ces fondements, notre Souveraineté nationale est en communauté parfaite de pensée avec la libre-pensée ? Il suffit de la considérer en elle-même et de la mettre en regard de ces fondements sacrés. En est-il un seul qui ait trouvé grâce devant elle? Serait-ce l'existence du surnaturel et sa prééminence sur tout l'ordre naturel, l'ordre politique compris? Serait-ce l'incarnation du Verbe créateur, la souveraineté spirituelle et temporelle de Jésus-Christ et son intervention directe dans l'institution de l'Église catholique? Serait-ce l'origine divine de l'homme, de la société et du pouvoir suprême, l'indissolubilité du pacte social, l'obligation du culte public? Il n'est aucun de ces principes dont notre régime moderne ne soit la négation directe, ou, pour le moins, qu'il n'affecte d'ignorer. Où est le supérieur qui commande au nom de Dieu, l'inférieur qui obéit comme à Dieu? Où la conscience qui se croie sérieusement obligée? Qui prend souci de faire ou de connaître même la volonté divine dans les choses civiles ou politiques? Prenez la nation, dans l'acte le plus essentiel de sa souveraineté, celui par lequel elle délègue ses pouvoirs, les élections, ou encore dans ses représentants, alors qu'ils exercent le mandat qu'elle leur a confié; qu'est-elle autre chose qu'une multitude inorganisée, un nombre capricieux, jouet aveugle du hasard ou, plutôt, des passions malsaines? Pour tout dire en un mot, qu'a-t-on fait de ce droit du Très-Haut, origine, fondement et substance de tous les principes? Ne l'a-t-on pas aboli dans le domaine de la chose publique partout où on l'a rencontré, afin de mettre en place le droit de l'homme, et ce droit de l'homme, n'en a-t-on pas fait le pivot de l'ordre politique, lui attribuant, en conséquence, une autorité sans limites, l'autorité même du droit de Dieu? Enfin, ce dont on se glorifie, n'est-ce pas d'avoir inauguré l'*État laïque*, la *société laïque*, en d'autres termes, l'État, la société *sans Dieu?*

Il ne faut donc pas en douter, notre Souveraineté moderne n'est point autre chose, dans son fond, que la Liberté de conscience appliquée à l'ordre civil et politique ; elle n'est, en d'autres termes, que la guerre radicale aux fondements sur lesquels Dieu a établi la société. Voilà toute sa nature, comme sa raison d'être et sa fin

Mais ce n'est point assez dire.

On aurait pu s'imaginer que la liberté moderne se contenterait d'éliminer le droit divin du domaine politique, qu'elle attendrait en paix les fruits de sa première victoire. Cette victoire n'était-elle pas décisive? L'affirmation sociale est, pour la connaissance et le respect des droits divins, une condition nécessaire, et, privés de ce secours, ils sont condamnés à végéter partout et à s'éteindre peu à peu.

Mais la haine ne supporte pas la présence de son ennemi, et, tant qu'elle les ait vivant et respecté quelque part, elle ne saurait prendre de repos.

D'ailleurs, la conscience ne serait-elle à protéger, à délivrer des chaînes de l'oppression, que dans le citoyen? Ne mérite-t-elle pas encore plus d'intérêt dans la femme, dans l'enfant, le serviteur, l'ouvrier, le soldat, le malade, l'indigent... partout où elle se laisse plus facilement opprimer? Cette libération des consciences est, sans contredit, la plus noble des causes. C'est la gloire de l'Esprit moderne de s'être imposé cette tâche, et il ne peut cesser le combat avant de l'avoir menée entièrement à terme.

En conséquence, il emploie la puissance publique dont il s'est rendu le maître, à expulser de tout le reste le droit divin, et, avant tout, l'Église, sa plus grande personnification et son rempart le plus fort. Il revendique le mariage et la famille, la naissance et la sépulture, les hospices et la bienfaisance, les fabriques et la propriété des églises, tous les jours de la semaine, particulièrement l'éducation de la jeunesse et de l'enfance, comme choses appartenant au domaine de l'État. Il surveille tout d'un œil jaloux, élargissant chaque jour le cercle de sa laïcisation, et chassant de position en position le cléricalisme, c'est-à-dire le droit, l'idée, le nom même de Dieu.

C'est ainsi qu'après avoir fait l'État sans Dieu, l'Esprit moderne et sa liberté de conscience visent à faire par lui l'*homme sans Dieu*, à ramener à ce type tous les hommes, quels que soient le rang ou la condition auxquels ils appartiennent.

Direz-vous encore que notre Souveraineté de la nation est une question toute politique et d'intérêt secondaire, dont la religion et la conscience n'ont pas à se préoccuper ; que, si elle déroge à la tradition et aux principes, ce n'est que légèrement, et nullement jusqu'à s'en faire l'ennemie déclarée ; qu'elle n'a rien de commun avec la liberté de conscience, du moins qu'elle n'en épouse pas toutes les haines contre l'Église et contre Dieu ?

Il faut prendre garde de juger notre société moderne par le caractère et par les actes des hommes politiques auxquels elle a pu se trouver confiée. Parmi ces hommes appelés au pouvoir par le caprice des événements, il est fort possible qu'il y en ait eu à ne sentir et à ne montrer qu'une médiocre sympathie pour les libertés modernes. Et, quant aux actes qui seraient opposés à ces libertés, ils s'expliquent suffisamment par les nécessités de la situation, dans un pays resté quand même profondément chrétien et monarchique. Ce sont là des accidents qui ne doivent pas donner le change sur le fond même des choses. Faut-il s'étonner de ces sortes de variations de la part d'une souveraine aussi mobile que la multitude, aussi aveugle que le nombre ? L'homme le plus déterminé n'est point exempt lui-même d'inconséquences, et si l'erreur est le triste apanage de l'homme, l'obstination calculée dans l'erreur et dans le mal est heureusement le privilège de l'ange rebelle.

Pour juger notre Souveraineté nationale selon la vérité, il faut la voir aux mains des hommes qui l'ont faite et qui la veulent avec ses conséquences, ou bien encore à ces moments où, s'affranchissant de toute contrainte, elle s'abandonne librement à son naturel, par exemple aux journées de juillet, de février, du 4 septembre.

Regardez les hommes à convictions religieuses, quand ils sont au pouvoir ou à la tribune ; leur embarras est visible. On sent qu'ils parlent une langue qui n'est pas la leur. Ils semblent craindre de se heurter aux idées dominantes et de se compromettre. Aussi n'ont-ils jamais pu obtenir sur la marche des affaires une influence durable et vraiment décisive. Voyez, au contraire, l'assurance, la hardiesse, les allures décidées des républicains. C'est qu'eux seuls ont l'avantage d'être dans le courant des idées modernes, et, tout en le dirigeant, de le suivre et de se faire porter par lui. Ils ont pour eux la logique. De là une argumentation nette et précise, une tactique résolue, qui ne manque point, tôt ou tard, de leur procurer la victoire. Comment les confondre, après qu'on leur a accordé leurs prémisses? Comment espérer de les battre, avec des armes qui ne sont faites que pour eux, et dans un combat dont ils ont déterminé eux-mêmes les règles et les conditions ? Fils de la terre, comme Anthée, ils ne peuvent être vaincus et étouffés qu'autant qu'ils sont soulevés en haut, et que, séparés de leur mère, ils perdent pied.

Impossible donc d'isoler de l'Esprit moderne et de la Liberté de conscience notre Souveraineté de la nation. Une même passion, une même guerre les unit et les confond, la haine de la tradition, de l'Eglise et de Dieu, la guerre contre la divine économie du monde.

La Souveraineté nationale ajoute même à la Liberté de conscience. Elle ajoute au conseil l'exécution, à l'esprit des organes et un corps, l'outillage le mieux perfectionné et le plus puissant, la force morale et matérielle la plus grande aux yeux du vulgaire. Elle donne enfin une forteresse, d'où la liberté moderne peut braver toutes les attaques et étendre partout sa domination.

La Souveraineté nationale mérite donc d'être enveloppée avec la Liberté de conscience dans une réprobation commune.

Mais cette condamnation doit emprunter une particulière sévérité de certaines circonstances qui rendent encore plus criminelle la révolte de l'Esprit moderne. L'exposé de ces circonstances va faire l'objet d'un dernier paragraphe.

§ IV. *Les habiletés de l'Esprit moderne dans sa guerre contre la Tradition.* — I. L'Esprit moderne a présenté ses idées comme des *découvertes*, des *conquêtes*, comme un *progrès*. Ce dont il se glorifie, c'est d'avoir trouvé et restitué à l'humanité les droits de la conscience et de la raison. Pour apprécier cette prétention, la mettre en regard d'une loi universelle, le dualisme. Pour l'homme, ce dualisme requiert spécialement le concert de la tradition et de la raison. Le milieu traditionnel aussi nécessaire à la raison individuelle, que l'air à l'animal. Cette alliance toujours respectée, jusqu'à l'Esprit moderne qui le premier l'a rompue en attribuant tout à la raison. Conséquence inévitable de cette rupture, la ruine de la conscience et de la raison, de l'homme et de la société.

II. Comment l'Esprit moderne a fait bénéficier ses principes de la gloire acquise par la science dans notre siècle.

Autre mystification : il a fait prendre ses négations pour des *affirmations*, même pour des *principes*.

III. L'Esprit moderne, qui détruit par le fond toute autorité, a fait admettre comme *vraie et suprême autorité* sa Souveraineté de la nation.

IV. Autre fourberie, de persuader que le régime qu'il a fondé a une *possession* véritable. Différence essentielle entre la vérité et le mensonge sous le rapport du droit.

V. Le mensonge de notre *liberté moderne.* — Trois équivoques bien communes.

1° Distinction de la vraie liberté et de la fausse. L'Esprit moderne n'est pas seulement indifférent pour la vraie ; il la poursuit de sa haine.

2° Différence d'origine et de nature entre la liberté des autres peuples et notre liberté légale. Caractère essentiellement précaire de la liberté française.

3° A côté et au-dessus de notre liberté légale est une liberté bien différente pour l'esprit et la tendance, la liberté moderne. Celle-ci ne peut avoir par nature que des instincts liberticides. Perfidie du pacte social sur lequel repose actuellement la France.

VI. L'Esprit moderne se donne pour l'inventeur et l'apôtre de la *vraie science.* A en juger par son père, la science moderne ne peut être qu'un leurre. La science véritable a pour caractère essentiel d'aimer tout ce qui est vrai, de quelque nature qu'il soit. La science moderne rejette en bloc toutes les vérités surnaturelles, et, pour les vérités naturelles, elle les mutile et les corrompt, au point d'en faire un poison mortel pour l'homme. Elle *dénature* l'homme. En éliminant l'idée divine du monde intellectuel, elle le livre aux ténèbres, elle y fait la nuit et la mort de la raison.

La haine et l'astuce, haine mortelle du droit divin, astuce la plus perfide, tel est le fond de notre Esprit moderne et de ses principes.

I. L'Esprit moderne a présenté ses idées comme de grandes *découvertes*, des *conquêtes* glorieuses, comme un *progrès* des plus avantageux pour l'humanité. Après l'exposé qui précède, il est aisé de voir combien mensongère est sa prétention. Il ne sera pas sans intérêt, cependant, de considérer de plus près la supercherie.

Inutile de prendre séparément nos idées modernes et d'examiner, pour chacune, si elle est une découverte, une conquête, un progrès. Comme on l'a vu, elles se réduisent à une, la liberté de conscience, l'égalité des citoyens et la souveraineté de la nation n'étant rien de plus que la liberté de conscience appliquée soit aux particuliers, les uns vis-vis-vis des autres, soit à la totalité des citoyens pour leur vie commune et sociale. C'est donc assez de voir si la liberté de conscience mérite l'honneur d'être appelée une découverte, une conquête ou un progrès.

Ne vous méprenez pas sur la question. S'agit-il de savoir si, telle situation étant donnée, il n'est pas plus expédient d'écarter des choses civiles et politiques le nom et l'autorité de Dieu? Et, pour ce qui regarde notre pays, veut-on dire, simplement, que, vu l'état des esprits, il a été sage de faire abstraction du droit divin et de désintéresser de la chose publique la religion et la conscience; qu'en ce sens, l'introduction de la liberté de conscience dans la vie politique a été une innovation avantageuse, une heureuse découverte, une conquête et un progrès dont notre siècle peut s'applaudir justement?

Si telle était la question, il y aurait lieu, peut-être, de la discuter, mais bien plus haute est la prétention de l'Esprit moderne. Dans sa pensée, la liberté de conscience n'est point seulement une tolérance ou une concession dont il doive savoir gré aux circonstances. Elle est un droit absolu, inhérent à la nature humaine, imprescriptible, supérieur à tout autre droit; un droit qui existe non seulement dans l'ordre surnaturel, s'il est un ordre de ce genre, mais encore dans l'ordre naturel, et, dans tout ordre, pour les choses domestiques et privées aussi bien que pour les choses sociales et politiques, quelles que soient d'ailleurs les circonstances de personnes, de temps et de lieux. Tel est le droit que l'on se glorifie d'avoir découvert et conquis, et dans lequel on a placé le fondement du progrès moderne, le seul progrès qui mérite de porter ce nom.

En conséquence, la découverte, la conquête, le progrès moderne, c'est que la croyance unanime et constante des hommes au droit divin des chefs, à tous les degrés de la hiérarchie, est fausse, et que l'affirmation de ce droit de la part de ces chefs est une imposture que l'ignorance ou la bonne foi peuvent à peine excuser. Dieu, s'il existe, ne s'occupe en rien des choses humaines du moins n'entend-il pas intervenir avec autorité, autrement qu'en s'adressant à chacun dans le for intime de sa conscience. Ainsi l'exigent la dignité de la conscience humaine et la majesté infinie de Dieu Lui-même. Et, n'est-ce pas une découverte réelle et d'une importance capitale, d'avoir tiré du mépris et de l'obscurité les principes propres de la raison, qu'étouffait la tyrannie des principes supposés de la Tradition? N'est-ce pas une conquête véritable et décisive que celle des droits de la conscience et de la raison, naguère foulés aux pieds de tous, et maintenant restitués à l'homme? Enfin, cette découverte et cette conquête ne constituent-elles pas un vrai progrès pour l'humanité, en tant qu'elles agrandissent la dignité et le pouvoir qu'elle tient de sa nature ; progrès d'autant plus réel et honorable qu'il agrandit l'humanité dans son être propre, et non plus par un accroissement emprunté du dehors, tel qu'était l'accroissement procuré, dit-on, par la voie de la Tradition?

Tel est donc le bienfait que l'Esprit moderne s'honore d'avoir rendu à l'espèce humaine. C'est ce bienfait qu'il s'agit d'estimer *à priori*. Pour le réduire à sa juste valeur, il suffit de le mettre en regard d'une loi ou d'un fait que l'observation constate pour tous les êtres.

« Considère, dit l'Écriture, tous les ouvrages du Très-Haut; ils sont deux par deux, et l'un en face de l'autre[1]. »

« Toutes les choses créées sont doubles, et l'une regarde l'autre[2]. »

Ainsi, pour donner des exemples, le surnaturel et le naturel dans les créatures; l'esprit et la matière, le monde invisible et le monde visible dans l'univers; l'âme et le corps dans la nature humaine; l'homme et la femme, les parents et les enfants dans la famille; la pensée et le langage; le culte public et le culte privé dans la religion; la foi et la réflexion ou la recherche, dans la connaissance; la substance et l'accident, le fond et la forme dans la composition des êtres; le sec et l'humide dans les corps organisés; l'action et le repos, la vie et la mort dans les animaux...

Telle est l'organisation universelle des êtres, qu'on les prenne individuellement ou par groupes. Chacun des

1. « Intuere in omnia opera Altissimi; duo et duo, et unum contrà alterum. » (Eccli., XXXIII, 15.)

2. « Omnia duplicia, unum contrà unum. » (*Ibid.*, XLII, 25.)

deux éléments constituants a besoin de son conjoint pour subsister et pour vivre comme il doit. Ils s'équilibrent et se complètent l'un l'autre. Ils doivent rester unis et dépendants, par la subordination de l'un à l'autre, du moindre au plus grand, du second au premier, du particulier au général... Il n'est pas jusqu'à la mort qui, dans notre monde terrestre, ne soit nécessaire à la vie, tout être vivant tirant de la mort sa naissance, sa conservation et son plein accroissement, dans les choses de l'ordre civil comme dans celles de l'ordre physique.

En conséquence, s'il est une règle nécessaire, s'imposant au nom de la vérité, c'est de respecter les unions que le Créateur a faites; c'est de mettre ensemble et d'appareiller les membres qu'ils a joints; c'est de faire la concorde, l'harmonie et la paix. Là est la condition première de tout ordre et de tout progrès.

Or, pour l'homme considéré comme être social et raisonnable, il n'y a pas une loi différente; sa constitution offre le même dualisme. La tradition et la raison individuelle, l'autorité et la liberté, la foi qui affirme et la réflexion qui examine, les principes et leurs applications, en un mot, la tête et les membres doivent s'unir, pour faire ensemble l'humanité ou la société, et, dans la société, l'homme complet, l'être raisonnable.

Retranchez la tradition ou l'autorité qu'elle consacre, vous n'avez plus que des individus qui s'isolent, et qui, en s'isolant, se condamnent à manquer la perfection propre à l'homme. C'est comme si, pour la raison individuelle, vous la découronniez des principes premiers qui président à ses opérations, par exemple, qu'une même chose ne peut pas être et n'être pas en même temps; que la partie est moindre que le tout; qu'il est des actions bonnes, commandées et dignes de récompenses, et d'autres qui sont mauvaises, défendues et punissables; que l'on ne doit pas faire à autrui ce que l'on ne voudrait pas être fait à soi-même... Que les principes de ce genre vinssent à disparaître, qu'adviendrait-il de la raison? Il en serait d'elle comme du géomètre qui aurait perdu la notion des axiomes de la science des lignes; comme du musicien qui ne saurait plus sa gamme; comme du pilote à qui l'on aurait dérobé sa boussole ou la vue du ciel. Il n'en serait pas autrement de l'esprit humain, s'il venait à se soustraire à l'autorité de la Tradition. Même les principes de la raison individuelle ont besoin pour être tout ce qu'ils doivent être, pour obtenir la clarté, l'empire et l'activité qu'ils réclament, ils ont besoin du milieu traditionnel. Ce milieu est à la raison, à la conscience, ce qu'est l'eau au poisson, l'air et la lumière aux animaux et aux plantes, l'élément hors duquel elle ne peut vivre. Sortez-la de ce milieu, et c'en est fait d'elle; elle tombe sous la tyrannie des passions, des vices, des instincts aveugles. L'homme devient semblable à ce géomètre, à ce musicien, à ce pilote dont on parlait tout à l'heure. Il est désorienté. Il arrive à n'être plus, en fait, qu'un animal, tout au plus un grand enfant, pareil à ces naturels de l'Amérique et de l'Océanie, qui ne sont descendus si bas que pour s'être vus éloignés du foyer de la Tradition.

Ces réflexions sont celles du bon sens éclairé par l'histoire, et elles portent en elles-mêmes leur démonstration.

Telle est l'alliance nécessaire de la tradition et de la conscience, de l'autorité et de la liberté, de la foi et de la raison. Elle est la source de tout progrès, de toute découverte et de toute conquête.

Cette alliance se maintenait dans le monde depuis l'origine, et elle imprimait aux choses humaines, spécialement depuis sa restauration en Jésus-Christ, une marche sûre et vraiment progressive.

Elle a eu, sans doute, à traverser bien des vicissitudes, et les deux alliés ont eu à se pardonner réciproquement bien des torts. Mais il est faux que les droits de l'un et ceux de l'autre soient contradictoires. Il est faux que la tradition chrétienne, dans sa représentation authentique, l'Église romaine, ait ignoré ou violé les droits de la raison.

L'Esprit moderne a le premier dénoncé cette alliance, et, pour la rompre, il a nié, comme fait toujours l'erreur, l'un des deux termes, et affirmé l'autre en l'exagérant. Il n'a voulu voir que celui-ci, et, sous prétexte de le mettre en possession de l'autorité qui lui appartient, il l'a jeté dans le divorce, la révolte et la guerre, et, finalement, il lui a attribué à lui seul l'empire universel.

Or, quelle peut être l'issue de la rupture? Quel serait le couronnement de cette découverte et de ce progrès, si l'Esprit moderne devait rendre sa victoire définitive ?

La réponse ne peut être douteuse. Ce qui est outré, ne saurait tenir longtemps. L'excès épuise, la fièvre consume les forces, et il vient un temps où la défaillance et l'atonie succèdent à une activité désordonnée, pour aboutir à l'inanition et à la mort. Tel serait le sort de la raison séparée de son pair, de sa compagne, la tradition.

Mais précisons, et par un argument décisif.

La Liberté de conscience c'est, en trois mots, la Tradition, ses doctrines, ses lois, ses institutions, dépouillées de leur divin caractère ; c'est Dieu relégué au fond de la conscience ou dans son ciel ; c'est, enfin, l'homme réduit aux seules ressources de sa raison. Si la Tradition a pour fin de perpétuer et de rendre présente et effective l'autorité divine près de la conscience humaine, ce que veut l'Esprit moderne, c'est, au contraire, éloigner cette autorité sainte et rendre la conscience sa propre maîtresse. Car, comment croire qu'il tienne à Dieu et à son droit suprême, quand tous ses actes vont directement et infailliblement à en effacer l'idée parmi les hommes ? Tout le respect dont parfois il fait étalage pour la Divinité, n'est, de sa part, qu'hypocrisie et dérision impie.

Or, une fois le droit divin disparu, cherchez la conscience, et dites s'il est possible de la trouver quelque part. Est-elle, en effet, autre chose qu'un miroir destiné à refléter la volonté de Dieu, son Seigneur, qu'un écho fait pour répondre à la parole divine ? Si c'est là sa vraie grandeur, là est aussi toute sa raison d'être, sa nature et son essence. Elle ne vit, elle n'existe qu'en raison de la vie que lui communique l'autorité divine, qu'en raison de l'impression qu'elle reçoit de cette autorité sacrée. Que cette autorité vienne à baisser, à s'éclipser, la conscience baisse elle-même nécessairement, elle s'éclipse dans la même proportion.

La mort de la conscience, voilà donc tout le fruit du beau zèle dont se pare l'Esprit moderne pour la défense de son honneur et de ses droits.

Ce fruit, il ne suffit pas de dire que l'Esprit moderne ne saurait l'éviter ; il faut dire qu'il y tend et qu'il le veut. Remontez à sa source, aux passions impatientes de la règle, de la vérité qui oblige, à la haine qui les pousse contre tout ce qui retient, menace et punit ; haine de

Dieu et de ce qui le rappelle, haine par conséquent de la conscience, son témoin au sein de chaque homme ; et voyez s'il y a exagération à dire que nos découvertes, nos conquêtes, notre progrès moderne ont pour terme la ruine de la vérité et de la justice, la ruine de tout ce qui fait l'homme, un véritable *nihilisme*.

« La vérité n'est point dans leur bouche, leur cœur est vide, et leurs paroles vont à creuser un sépulcre[1]. »

II. L'homme est essentiellement perfectible, grand amateur et chercheur infatigable de découvertes, de conquêtes et de progrès. Aussi lui suffit-il qu'une nouveauté se présente sous cette étiquette, pour qu'il soit tenté d'y croire, et de s'y laisser prendre. C'est une des amorces par lesquelles l'Esprit moderne nous a fait adopter ses idées. D'autant qu'à l'époque où il mit au jour ses inventions, il n'était bruit chez nous que des découvertes, des conquêtes, des progrès accomplis réellement dans le champ des sciences naturelles. De ces inventions vraiment sérieuses et honorables pour l'esprit humain, aux inventions prétendues des philosophes dans la sphère des choses morales et politiques, le passage était facile. Nos réformateurs eurent l'adresse de faire bénéficier celles-ci de la gloire de celles-là, et les idées nouvelles se donnèrent et furent acceptées, elles aussi, comme des productions de la science moderne. Le tour fut ainsi joué, et il le fut avec un succès tel, que, même à l'heure présente, quiconque ne s'incline pas devant la liberté de conscience, l'égalité civile et politique, la souveraineté

1. « Non est in ore eorum veritas, cor eorum vanum est; sepulchrum patens est guttur eorum. » (Ps. v.)

nationale, se voit accusé aussitôt de mépriser la science et ses bienfaits.

L'Esprit moderne a commis bien d'autres fourberies.

Si l'homme aime et recherche avec ardeur le progrès, s'il ne peut souffrir un pouvoir qu'il soupçonne de l'arrêter dans sa marche, cependant il ne peut rester sans principes qui s'affirment et auxquels il donne sa foi; il ne peut vivre sans croyances. L'Esprit moderne ne pourra pas, sans doute, s'accommoder à ce besoin de foi, lui qui n'existe et qui ne vit que pour contredire et renverser les affirmations, les principes, les croyances du genre humain. Détrompez-vous. « L'iniquité sait se mentir à elle-même[1]. » Ses négations les plus audacieuses et les plus radicales, elle leur a donné la forme de propositions affirmatives. Elle a dit : la conscience est libre, les citoyens sont tous égaux, la nation est la souveraine. Il y a plus. De ces affirmations supposées, elle a fait des maximes, des axiomes, des *principes*, c'est-à-dire ce qu'il y a de plus affirmatif au monde !

Peut-on se jouer plus effrontément de ses semblables ?

Aux peuplades sauvages les trafiquants donnent, en place de l'or et de l'argent qu'ils en reçoivent, des verroteries brillantes, des grelots de cuivre, des tambours retentissants. De même, après nous avoir arraché les seuls vrais principes, d'un prix supérieur à tout l'or du monde, l'Esprit moderne nous a donné en échange, après l'avoir couverte de leur nom sacré, une marchandise de pacotille.

1. « Mentita est iniquitas sibi. » (Ps. xxvi, 12.)

III. L'homme ne peut se passer, non plus, de chefs à qui il doive obéissance. Il sent cette nécessité, et il est le premier à s'y soumettre. L'autorité est toujours, pour lui, le bien le meilleur et le plus indispensable. L'Esprit moderne osera-t-il tenter de satisfaire à ce besoin, lui pour qui l'autorité est la chose du monde la plus antipathique, lui qui ne supprime le droit suprême du Créateur, que pour tarir la source de toute autorité réelle? Eh! qu'importe pour lui le mensonge? Il se vantera de posséder une autorité véritable, substantielle, tout en la faisant émaner de l'homme seul. Bien plus; l'autorité dont il fera parade, est, il l'assure, l'autorité suprême, la souveraineté elle-même, la vraie et l'unique souveraineté, celle dont le droit est imprescriptible et inaliénable, dont la puissance est absolue et sans limites. Jamais on n'aura fait sonner autant et si haut ce grand mot de souveraineté. Et, bien que ce mot, dans notre bouche, soit absolument vide, bien qu'il n'exprime au fond que la révolte contre toute autorité vraie, il en imposera à ce point de passer, aux yeux de la plupart, pour l'expression de la réalité la plus haute et la plus sacrée.

O crédulité humaine, est-il pour toi chose trop absurde, dès que la raison en est venue à prendre peur de la vérité même?

La merveille de notre souveraineté, c'est que chacun de nous en a sa part. Tous sont souverains, et nul n'est sujet; ou bien, l'on est tout ensemble et souverain et sujet, et ce n'est qu'à soi-même que l'on prétend obéir.

Ces puérilités, on les enseigne gravement. On y croit et l'on s'en fait gloire.

Mais, pendant que l'on manie d'un air sérieux ces hochets, les aventuriers s'en servent pour chasser et tenir loin du pouvoir les chefs naturels du pays, pour s'en emparer eux-mêmes, se le partager et en jouir. Pendant que la foule joue au souverain, ses flatteurs mettent la main sur les richesses, les honneurs et la puissance attachés au pouvoir suprême; l'ambition, la cupidité, l'envie surtout, toutes les passions accourent à la curée. Comme il faut toujours des maîtres, ils n'ont fait que changer. Seulement, au lieu de ceux que Dieu donne, ce sont ceux que donnent les passions, les passions qui, de fait, sont les seules vraies souveraines.

IV. Autre perfidie. L'homme a besoin de stabilité, et, partant, de possession et de tradition. Étant fait pour durer, il lui faut un état de choses durable, qui ait le pouvoir et le droit de durer, qui ne soit pas sujet à contestation, qui, enfin, puisse fermer la bouche à tout contradicteur par une preuve courte, sans réplique et tenant lieu de toute autre, celle de la possession acquise.

Mais quoi! N'est-ce pas contre la possession la plus ancienne et la plus universelle que s'est levé l'Esprit moderne? Cette possession ne continue-t-elle pas son règne chez tous les autres peuples, s'appuyant sur des titres aussi anciens que le monde et les plus authentiques que l'on puisse concevoir? La France moderne n'est-elle pas, à cet égard, comme un autre Ismaël, se levant contre toutes les nations, et toutes se levant contre elle?

Cela est évident. Et néanmoins, parce que l'esprit nouveau date bientôt d'un siècle dans notre pays, c'est assez pour qu'il s'attribue tous les droits de la possession. Il n'a pas eu honte de se faire à lui-même une tradition, une généalogie, une lignée. Ce qui était chez les autres une tyrannie et un ridicule, est devenu pour lui un droit digne de tout respect, un titre de noblesse des plus honorables. L'attaquer, c'est troubler le repos public, c'est compromettre l'ordre, la paix, la sûreté de l'État. De son côté sont les vrais conservateurs, et l'on ne saurait avoir assez de défiance et de sévérité pour quiconque ne se range pas autour de son drapeau.

Et d'où viendrait à l'Esprit moderne et à ses nouveautés ce droit de possession?

Il n'y a que la vérité et ceux qui la confessent à pouvoir se réclamer d'un droit, parce qu'il n'y a que la vérité à avoir pour objet une réalité et que c'est de la réalité que procède tout droit. Le droit est le propre bien de l'être, et c'est de l'être qu'il rejaillit et qu'il se communique, tant à la vérité qui est son reflet, qu'à l'esprit dans lequel ce reflet s'imprime. Le droit ne peut être que de conserver ou de développer une existence possédée déjà. Comment donc pourrait-il s'attacher à ce qui n'est pas?

Or, l'ignorance, l'erreur et le mensonge ont pour objet direct, non ce qui est, mais ce qui n'est pas. Ce ne sont que des défauts ou des manquements dans ou contre la connaissance de ce qui est. Leur attribuer un droit qui leur soit propre, ce serait supposer qu'il peut y avoir droit contre droit. Car, l'ignorance, l'erreur, le mensonge sont opposés à la vérité, comme l'être est opposé au non-être dans le même sujet.

Il y a sans doute des vérités indifférentes, à l'égard desquelles l'ignorance et l'erreur peuvent exister sans faute. Mais il en est aussi qui obligent, à savoir, celles qui ont pour objet les réalités dont la connaissance est nécessaire à l'homme. Plus cette nécessité est grande, plus est grand le droit de la vérité à être reçue et confessée; plus est grand, pour l'homme, le devoir de la connaître et de lui obéir ; plus est grand, par suite, le crime de la résistance et de la contradiction.

Ce crime peut-il donc cesser d'être crime? Il ne le pourrait, qu'autant qu'il arriverait à détruire les réalités dont il ne peut supporter la vue. Mais ces réalités sont hors de ses atteintes. Elles continuent, et elles continueront de subsister jusqu'à la fin. Elles possèdent, et leur possession ne souffre pas la moindre interruption. Telle est, par conséquent, la possession des vérités dans lesquelles elles s'expriment. Leur droit sur la raison humaine et le devoir qui incombe à celle-ci d'y acquiescer, ni ne s'arrêtent, ni ne diminuent à aucun instant.

Or, voici la Liberté de conscience, l'erreur la plus radicale et la plus criminelle, qui s'arroge la légitimité la plus haute et la plus étendue, celle de la possession, et elle se l'arroge contre la possession la plus vénérable qui soit au monde, celle des premières et des plus essentielles vérités!

V. Ainsi, mensonges sur mensonges ; et quels mensonges! des montagnes de mensonges.

Et pourquoi ces mensonges accumulés?

C'est pour obstruer la voie du retour aux principes, aux principes de toute vérité, de tout progrès, de tout bien véritable, à Dieu même.

Tout cela pour réduire à un vain mot la liberté ellemême, en l'empêchant de reconnaître le vrai et le juste pour lesquels seuls elle est faite.

La liberté... n'est-ce pas en son nom et pour sa cause que l'Esprit moderne a pris les armes et déclaré la guerre au passé? Ce qu'il a promis, surtout, n'est-ce pas la liberté pour tous, la première et la plus nécessaire des libertés, celle de la conscience? L'ordre de choses qu'il se glorifie d'avoir inauguré, n'est-ce pas le règne de cette liberté précieuse, et cette liberté si chère, ne déclare-t-il pas bien haut qu'elle doit produire, sous ses auspices, les fruits les plus avantageux pour la gloire et le bonheur de la France et de l'humanité?

Qu'y a-t-il de véritable sous ce langage pompeux?

C'est ici que les confusions sont le plus nombreuses et le plus ordinaires parmi nous : confusion de la vraie et de la fausse liberté; confusion de notre régime de liberté avec celui des peuples qui passent pour être les plus libres; confusion de notre liberté légale avec la liberté moderne.

Il suffira de dissiper ces équivoques, pour apprécier la sincérité de nos libérateurs.

La liberté dont il est question appartient à l'ordre moral, dont elle fait une partie essentielle, aussi bien que l'autorité, la conscience ou la raison, et la distinction du bien et du mal.

Il y a, manifestement, une liberté vraie et une liberté fausse, et la distinction à mettre entre les deux est la même qui sépare le bien du mal.

La première a le bien pour fin, et elle seule mérite le nom de liberté. Elle se concilie et s'harmonise avec l'autorité et la raison, qui ont aussi pour fin le bien. Elle consiste à n'être pas empêchée de choisir le bien de préférence au mal. Ce choix honore et grandit l'homme ;

il le rend participant de la bonté qui fait le bien ; c'est lui qui donne à l'homme d'être bon de la bonté qui lui convient.

Bien que la fausse liberté ne se propose pas le mal pour lui-même, c'est lui, pourtant, qui est son objet. Elle résiste, en conséquence, à l'autorité et à la raison, et elle s'efforce de ruiner leur empire. Elle obéit aux passions et elle s'assujettit à leur tyrannie. Elle consiste à n'être pas empêchée de préférer le mal au bien, le mensonge à la vérité, les ténèbres à la lumière, et, par suite, un état mauvais, honteux et malheureux, à un état de bonté, de noblesse et de bonheur. La fausse liberté a un nom qui lui est propre, celui de *libertinage*.

Or, s'il est vrai que c'est la volonté divine qui fait le bien, la conscience, l'autorité, quelle peut être la vraie liberté, la liberté proprement dite, dans un système d'où cette volonté adorable est expressément exclue ? On n'y trouve pas la notion de ce que la liberté a de plus essentiel ; quel zèle pourrait-il donc inspirer pour les droits et les intérêts de la liberté ?

Mais il y a plus : l'Esprit moderne n'est pas seulement indifférent envers Dieu, envers l'autorité et la conscience ; il les poursuit de sa haine, il n'en veut rien conserver.

Il n'a donc pas seulement de l'indifférence pour la liberté ; il a pour elle une véritable inimitié.

Voilà ce qui se cache sous ces grands mots de Liberté de conscience, d'Esprit moderne.

De même que les principes modernes ne signifient, au vrai, rien de plus que la négation des principes ; de même, la liberté moderne n'exprime en réalité que la guerre à la liberté, et cela, dans les choses les plus nécessaires à l'homme et à la société, les principes.

Pour mettre cette assertion dans un plus grand jour, il faut mettre fin à une autre confusion bien ordinaire, et rappeler la différence qui nous distingue des autres peuples, même de ceux où la liberté politique et la liberté religieuse sont les plus larges, des États-Unis par exemple.

Cette république se trouva composée, dès l'origine, d'éléments de croyances diverses. De là, la nécessité de reconnaître la liberté de toutes les opinions religieuses. Cette liberté n'était pas un vain mot, comme la suite l'a fait voir. Les différentes religions vivent et se gouvernent comme elles veulent, sauf, bien entendu, l'obéissance aux lois civiles, lesquelles, du reste, ne se montrent point ombrageuses. Le respect de la religion et de ses ministres est dans les mœurs publiques, et le sentiment religieux, en d'autres termes, le sentiment du droit divin a gardé sur elles un ascendant que nul n'ose contredire. Dieu est à la base de l'édifice, et, avec Dieu, les principes constitutifs de tout ordre, l'autorité, la conscience, la tradition, la possession, la liberté.

Bien autres sont les origines et la nature de la liberté inscrite dans nos lois françaises.

Cette liberté provient de la révolution si profonde causée chez nous par l'Esprit moderne, révolution qui n'a été qu'une immense insurrection contre tout l'ordre ancien. La victoire était demeurée à l'Esprit moderne ; mais les vaincus restaient nombreux, puissants, capables d'un retour offensif qui pouvait changer le sort du combat. La paix leur fut offerte, et ils l'acceptèrent moyennant un compromis, qui a servi de base au nouvel ordre public.

C'est par cette porte que la liberté moderne s'est introduite dans notre organisation civile et politique.

Or, il est impossible que le régime nouveau ne se soit ressenti des circonstances qui l'ont fait naître. Le vainqueur a dû veiller à rester maître de la situation ; d'autant que, manifestement, la guerre pouvait se rallumer, supposé même qu'elle fût réellement interrompue. De là le caractère propre de notre liberté légale, et, spécialement, l'interdiction du domaine civil et politique portée contre la religion, contre la conscience, contre Dieu même. Et si elle permet de pratiquer publiquement un culte, de suivre la conscience et d'aller à Dieu dans les autres matières, la faculté qu'elle laisse à cet égard n'a point, à ses yeux, d'autre fondement qu'un droit de convention, un droit purement humain, un droit, par conséquent, qui non seulement est précaire et peut s'élargir, ou se resserrer ou même cesser à volonté, mais qui, de plus, n'est pas vraiment un droit, Dieu seul étant la source de tout droit.

Telle est toute la liberté que nous a donnée l'Esprit moderne, liberté restreinte, conditionnelle, chancelante, laissée comme une grâce et une tolérance, avec la crainte de la voir encore plus réduite et peut-être enlevée tout à fait par le vainqueur, dans un de ces emportements auxquels il est si sujet.

Car, quoi qu'il en soit de notre liberté officielle, il est évident qu'à côté d'elle et au-dessus d'elle, existe une autre manière d'entendre la liberté, celle de l'Esprit moderne. On ne saurait trop se garder de les confondre, et, pour en faire une exacte distinction, il ne faut pas perdre de vue la description qui a été donnée plus haut de la seconde.

La première est une manière d'être et de vivre convenue entre les Français, libéraux et catholiques, vainqueurs et vaincus, et elle peut subir toutes les modifications légales qu'y apporterait le cours des événements. La seconde est l'idée qui a présidé à cet arrangement et qui s'y est donné l'application que comportaient les circonstances. Mais cette idée, ainsi qu'on l'a déjà observé, étend ses prétentions bien au delà. Ce qui est fait, n'est pour elle qu'un commencement, un fondement, des principes, commencement à continuer, fondement qui attend une construction, principes à déduire dans leurs conséquences. Si donc l'Esprit moderne ne reconnaît plus déjà à la France le pouvoir de se replacer sur les vraies bases de la société humaine, si la liberté lui est refusée à l'égard de ces points fondamentaux, attendez-vous à voir disparaître tôt ou tard, supposé que l'Esprit moderne reste le plus fort, toutes les libertés promises ou laissées jusqu'ici, comme se dessèchent les ruisseaux après que la source est tarie.

Le levain de la liberté de conscience a été mis au cœur de la France ; il ne s'arrêtera pas que toute la pâte n'ait levé.

C'est la logique qui presse l'Esprit moderne de marcher en avant.

Si la liberté de conscience est le droit de nier l'obligation de croire à quelque vérité que ce soit, c'est donc que cette obligation n'existe point ; c'est donc, aussi, que les vérités données comme obligatoires n'existent point elles-mêmes. Car, pour la plupart de ces vérités, être et obliger c'est tout un, comme c'est tout un pour le soleil d'être et d'éclairer. Telles sont, par exemple, l'existence de Dieu, la Création, la Rédemption, l'Église catholique. Le droit que s'attribue la liberté de conscience a donc pour conséquence nécessaire d'enlever le droit d'enseigner ou de professer les vérités qu'elle repousse. Ce droit, elle ne saurait l'admettre sans se contredire. Elle ne peut que tolérer et attendre, tant qu'elle le jugera nécessaire.

Vous resterait-il encore quelque doute sur les instincts liberticides de l'Esprit moderne, considérez la source d'où il est sorti, les passions révoltées contre la raison et contre Dieu, la haine qui les anime et qui les excite sans relâche, la nature de la haine qui est de vouloir la mort de son ennemi.

« Il est naturel à l'ivrogne, dit un Père de l'Église, de haïr celui qui est sobre ; à l'impudique, de haïr l'homme chaste ; au méchant, de haïr l'homme juste ; la présence de tout homme vertueux est un poids pour leur conscience, un poids qu'ils ne peuvent porter [1]».

Il faut en dire autant de nos idées modernes par rapport aux principes de la Tradition.

L'homme, sans doute, ne hait pas l'homme pour l'homme. Mais quand il s'est pris de haine pour la vérité, pour la vertu, pour l'autorité, il confond, dans sa haine, et ces choses saintes, et ceux de ses semblables en qui elles semblent se personnifier. La haine de la vérité est toujours la même, toujours homicide, comme elle fut dès le commencement. De quoi ne s'est-elle pas montrée capable dans tous les temps ? Si elle a osé porter les

1. « Oderit enim necesse est ebriosus sobrium, continentem impudicus, justum iniquus, et tanquam conscientiæ onus præsentiam sancti cujusque non sustinet. » (S. Hilar., in Ps. 117, n° 10.)

mains sur l'Homme-Dieu, que n'est-on pas en droit de craindre de sa part? Elle avait mis à mort les prophètes qui avaient précédé le Sauveur, et « comme ils m'ont poursuivi de leur fureur, a-t-Il dit à ses disciples pour tous les siècles, ainsi vous poursuivront-ils ». La passion est nécessairement persécutrice. Elle est pour les bons, ce que fut Caïn pour Abel, Ismaël pour Isaac, Ésaü pour Jacob, les enfants de Jacob pour Joseph, ce que furent chez nous les Danton et les Robespierre pour les *suspects*.

Jugez par là de ce qu'il faut penser du compromis qui sert d'assiette à l'état de choses actuel. Ce compromis a eu pour but de faire vivre ensemble et côte à côte la vérité et le mensonge, le bien et le mal... des choses aussi antipathiques par nature que l'eau et le feu, que les brebis et les loups.

Chassez le naturel; il revient au galop.

Évidemment, un pareil pacte n'a pu, d'une part, que faire des dupes et endormir les victimes, et, de l'autre, que mettre aux mains des oppresseurs un instrument de tyrannie, un instrument puissant et sûr de la tyrannie la plus avilissante et la plus dure.

Voilà notre liberté moderne, avec les perspectives qu'elle ouvre devant nous.

Au poisson qu'il veut prendre, le pêcheur présente un appât où se cache un hameçon perfide. L'appât avalé, l'hameçon s'accroche aux entrailles du poisson, et le pêcheur est assuré de sa capture.

La liberté moderne, voilà l'appât offert à la pauvre France. Elle l'a avalé, et, si elle ne le rejette, c'en est fait d'elle. Elle est captive. Un hameçon cruel, la liberté de conscience, s'est accroché à ses entrailles et les déchire. Elle aura beau se débattre ; elle sera forcément arrachée de l'élément qui fait la vie de l'homme et de la société.

VI. Enfin, voici le comble de l'impudence.

La vérité est le fondement de tout. Elle est à l'homme ce que le pain est à son corps, le premier et le plus indispensable aliment de la vie qui lui est propre.

La connaissance de la vérité, tel est l'objet et le but de la science. La science occupe donc le premier rang entre les choses humaines. A elle de donner la règle, de diriger et de commander. Elle fait, dans l'homme et dans la société, ce que fait le pilote sur le navire.

L'Esprit moderne ne pouvait négliger un tel moyen de domination. Il prétend à l'honneur d'avoir inauguré dans le monde la vraie science, et de lui avoir mis en main le sceptre de la France. Il ne vise, assure-t-il, qu'à établir, consolider et étendre le règne de la vérité, de la lumière et de la science. La science, il n'en est que le fidèle sujet, le serviteur dévoué, le soldat intrépide, heureux et fier uniquement d'obéir à une telle reine et de se dépenser tout pour sa cause. Il ne fait qu'un avec elle, et c'est pourquoi il se glorifie justement d'être lui-même la lumière du monde, d'avoir ouvert le siècle des lumières, d'avoir fait de Paris, sa capitale, la *ville-lumière*.

« Malheur, dit l'Écriture, à vous qui appelez mal le bien, et bien le mal ; qui faites des ténèbres la lumière, et de la lumière les ténèbres ; qui faites prendre l'amer pour le doux, et le doux pour l'amer [1] ! »

1. « Væ qui dicitis malum bonum, et bonum malum ; ponentes tenebras lucem, et lucem tenebras ; ponentes amarum in dulce, et dulce in amarum ! » (Is., V, 20.)

L'Esprit moderne et sa science ne tomberaient-ils pas sous cet anathème?

La science moderne est fille de cet esprit nouveau que l'on a vu naître des passions révoltées contre la loi divine ; de cet esprit menteur qui a porté la perfidie jusqu'à faire croire que la liberté, la possession, la souveraineté, les principes, la conscience vivent et règnent là même où il a intronisé la négation radicale de ces grandes et saintes choses ; de cet esprit qui ne veut ni de l'Église, « la colonne et la force de la vérité [1], » ni de Jésus-Christ, « la voie, la vérité et la vie [2], » ni de Dieu, « le Père des lumières, le Seigneur des sciences [3] » : de cet esprit, enfin, qui affecte d'ignorer et la cause première de l'homme et de la société, et leur fin dernière. L'Esprit moderne n'a pas seulement donné le jour à la science nouvelle ; c'est lui qui l'inspire, qui l'anime, qui la pousse en avant. Quelle confiance avoir donc dans la vérité d'une telle science?

La science véritable, la science digne de ce nom, aime sincèrement le vrai. Elle aime tout le vrai sans exception, et elle l'aime sans condition et pour lui-même, qu'il lui soit présenté par Dieu même, dans la foi à sa Parole sainte, ou qu'il lui soit offert par la seule raison. Pour les vérités révélées directement par Dieu, elle ajoute à la lumière de la foi, toujours mêlée d'obscurité, la lumière de la réflexion et du raisonnement. Ce que la foi fait simplement croire, la science le fait comprendre, non pas à fond, sans doute, ni de manière à dissiper tout le mystère, mais de façon à le rendre de

1. I. Tim., III, 15.
2. « Ego sum via et veritas et vita. » (Joan., XIV, 6.)
3. Jac , I, 17; I. Reg., II, 3.

plus en plus intelligible. Enfin, par ses soins, toutes les vérités, de quelque ordre qu'elles soient, se démontrent, se confirment, s'éclaircissent, se coordonnent, se fondent dans un tout harmonique, qui va sans cesse se perfectionnant en clarté, comme en étendue.

Est-ce ainsi que fait la science moderne ?

Premièrement, elle déclare indignes de son attention les vérités de foi surnaturelle. Elle va plus loin : elle se donne avant tout la mission de les combattre et d'en ruiner l'autorité parmi les hommes.

Secondement, les vérités naturelles auxquelles se réduit la science moderne sont soigneusement abstraites et des premiers commencements ou principes, et des destinations ou fins dernières. Il en est ainsi spécialement de celles qui concernent l'homme. L'Esprit moderne a trop peur de rencontrer Dieu, cause première, et fin dernière et nécessaire de tout ce qui est. Il ne voit, en conséquence, et il ne veut voir que ce qui existe présentement, et, tout au plus, les origines et les fins les plus prochaines.

Ainsi, Dieu lui-même, Dieu surtout est mis à l'écart ; ou, s'il est permis d'en traiter quelque part, c'est à la condition expresse que ses droits, sa nature, son existence même soient et restent discutables, qu'ils ne puissent, par conséquent, être pris pour base de droits ou de devoirs à accepter par la société. La conséquence est la même, la suppression du fondement unique de toute obligation, l'extinction de la conscience et de la raison, l'impossibilité pour l'homme d'être ce à quoi sa nature même le destine, une créature raisonnable, religieuse, morale.

En conséquence, s'il existe une fausse science, *falsi*

nominis scientia, comme dit saint Paul[1], une science hypocrite qui craigne et haïsse effectivement la vérité, n'est-ce pas la sciense moderne? Voyez comment elle scinde le corps des vérités en deux parties, en deux camps dont elle fait deux ennemis irréconciliables. Après avoir banni du champ de la connaissance une portion considérable des vérités, la plus noble et la plus belle de beaucoup, après avoir resserré de plus de moitié la sphère de l'intelligence, que fait-elle des vérités qui restent? Elle les place sur un lit de Procuste; elle les tronque par les pieds et la tête; elle les déforme et les torture; elle leur ôte ce qui fait le cœur, l'âme, la vie, le tout de la vérité, sa relation avec Dieu et son efficacité moralisatrice pour l'homme; enfin, elle les corrompt au point d'en faire un aliment sans vertu, un poison véritable.

Prenez l'homme à part, et regardez-le à la lumière de la science moderne. Ce n'est plus qu'un être sans origine et sans destination, d'une durée fort courte, une énigme insoluble, un être de hasard, perdu dans la foule de ses semblables et condamné le plus souvent à une existence digne de pitié, esclave de nécessités fatales et à la merci de passions inavouables... Est-ce là l'être privilégié que sa raison a manifestement placé au sommet de ce monde? Cette raison, il l'a reçue pour connaître et aimer Dieu. Privée de son objet, la noble faculté ne vit point de sa vie nécessaire. Chose affreuse! La science nouvelle retourne l'homme, en faisant de lui l'ennemi de son Dieu, en lui apprenant à renier, à haïr ce Dieu, son auteur, son père, son bienfaiteur souve-

1. I Tim., VI, 20.

rain, sa fin suprême et nécessaire. Science vraiment maudite, qui ne touche à l'homme que pour le *dénaturer*, l'expression n'est que juste, pour en faire un vrai monstre entre toutes les créatures.

« Cieux, écoutez, et vous, terre, entendez ce que dit le Seigneur : j'avais nourri des fils, je les avais exaltés ; mais eux, ils m'ont méprisé. Le bœuf connaît son maître, et l'âne l'étable de son seigneur. Mais Israël ne me reconnaît pas et mon peuple m'a renié [1]. »

Comme Dieu est l'origine de toutes les autres réalités, ainsi, la connaissance de Dieu est la première et la mère des autres vérités. Non pas, il est vrai, que sans la connaissance de Dieu, l'esprit humain ne puisse apercevoir des vérités. Mais il ne les aperçoit pas avec la netteté requise, ni sous le jour qui convient. Il reste, dans leur perception, un défaut, une ignorance ou une erreur qui en altère la forme ou la figure. Il en est de la science de Dieu pour les vérités propres à l'homme, comme de la lumière du soleil pour les choses visibles de ce monde. La lumière du soleil donne aux objets qu'elle éclaire, leur figure et leur couleur. De même, c'est la connaissance de Dieu qui, en se réfléchissant sur les réalités intellectuelles, leur prête les proportions, la valeur, le caractère moral qu'elles doivent avoir pour l'homme. Que cette connaissance vienne à s'obscurcir, à s'effacer, la différence du bien et du mal diminue en proportion ; le jour baisse dans la conscience, la nuit se fait. Et comme, à mesure que la nuit avance, les objets se confondent, les réalités disparaissent ; de même, à mesure que s'efface le divin critérium des choses morales,

1. Is., I, 2, 3.

aux entités intellectuelles commencent à succéder les apparences ; les vérités cèdent la place aux fictions, aux hypothèses, aux systèmes, aux utopies, aux conventions.

« Vains sont tous les hommes chez lesquels n'est pas la science de Dieu [1]. »

Dans cette nuit, l'esprit de l'homme peut se donner beaucoup de mouvement et de peine pour apprendre ; il peut apprendre beaucoup de choses. Il ne parvient pas à la science de la vérité, de cette vérité qui nourrit, satisfait et repose la raison. L'instruction, au lieu de servir à rendre l'homme meilleur, en le rendant plus religieux et plus moral, n'a plus d'autre intérêt que de flatter l'esprit par des spéculations curieuses, ou de satisfaire les sens par l'utilité matérielle du bien-être.

« Toujours cherchant à connaître davantage, et n'arrivant jamais à la science de la vérité [2]. »

Voilà le terme où tend la science moderne. Toutes ses attaques contre l'Église, contre la foi en Jésus-Christ, contre la science de Dieu, vont à causer cette nuit funeste. Nul n'a mieux justifié ce qui a été dit des artisans d'erreurs et de mensonges :

« Ils ont mieux aimé les ténèbres que la lumière [3]. »

« Ils ne se fatiguent tant, que pour ne point trouver ce qu'ils se vantent de chercher, la vérité [4]. »

« Ce qu'ils voient, ce sont des ténèbres ; ce qu'ils

1. « Vani sunt omnes homines in quibus non subest scientia Dei. » (Sap., XIII, 1.)

2. « Semper discentes, et nunquam ad scientiam veritatis pervenientes. » (II Tim., III, 7.)

3. « Dilexerunt magis tenebras quam lucem. » (Joan., III.)

4. « Nihil laborant, nisi non invenire quod quærunt. » (D. Aug., *Contra Manich. de Genes.* II, 2.)

aiment, ce qu'ils approuvent, toujours des ténèbres ; ils vont de ténèbres en ténèbres[1]. »

On a vu des sujets se révolter contre leur souverain, entraîner les peuples dans leur rébellion, se rendre maîtres du trône et s'y asseoir en la place du prince légitime. La passion du pouvoir était leur mobile. Il n'était point dans leur pensée de désorganiser l'ordre social, d'en renverser les colonnes, d'en dissiper les plus nécessaires ressources. A part l'atteinte qu'ils portaient au droit public en usurpant le pouvoir, ils respectaient la religion et les principes sur lesquels la société est fondée. Aussi, dès qu'ils voyaient leur ambition satisfaite, ils étaient les premiers à relever les ruines qu'ils avaient causées, à raffermir la chose publique sur ses bases naturelles. Les choses reprenaient leur cours accoutumé ; il n'y avait de changement que dans les dépositaires de l'autorité suprême.

Bien autre a été l'intrusion de l'Esprit moderne ; et, pour tout expliquer d'un mot, ce n'est pas tant l'ambition que la haine qui lui a fait prendre les armes. Et quelle haine ! Celle du fondement premier de toute vérité, de toute justice, de tout ordre : la haine du droit divin ; haine implacable et qui ne peut se complaire qu'aux ruines, condamnée qu'elle est, par sa nature même, à toujours détruire, sans pouvoir jamais édifier.

Mais, dans cette haine, l'astuce va de pair avec l'audace ; et cela devait être. L'impiété moderne ne pouvait espérer d'arriver à ses fins, qu'autant qu'elle réussirait à donner le change, et, plus ses desseins étaient pervers, plus

1. « Tenebras vident, tenebras diligunt, tenebras approbant, de tenebris in tenebras euntes. » (D. Aug.)

il fallait qu'elle se rendît habile dans l'art de tromper. On a vu le succès qu'elle a su obtenir. D'une part, les principes, l'autorité à tous les degrés, la tradition et la possession, la liberté, la conscience, la vérité, tout ce qu'il y a de plus vital pour l'homme et la société, réduit à néant, ou en voie de l'être ; et de l'autre, l'assurance donnée et acceptée que tout cela, sauf la forme qui seule aurait changé, vit et règne plus solidement et plus heureusement que jamais... que la *question sociale* est un pur épouvantail. Ce n'est pas seulement inouï dans les fastes de l'humanité. Ce serait incroyable, si le fait n'était là, brutal et saisissant d'évidence, pour peu qu'on l'approfondisse.

Ce n'est pas le lieu d'expliquer plus au long ce « mystère d'iniquité [1] ». Mais en terminant cette étude, n'est-on pas en droit de se demander si « l'homme de péché, le fils de perdition, qui doit s'élever en face et au-dessus de tout ce qui porte le nom de Dieu [2] », « l'Exterminateur [3] » fera autrement et plus ; si les prodiges qu'il doit opérer auront une autre puissance de séduction [4] ; si, enfin, les ténèbres où nous tâtonnons sont d'une autre nature que cette fumée qui doit sortir du puits de l'abîme et obscurcir le soleil et l'air [5] ?

1. 2. 4. II Thessal., II.
3. 5. Apoc., IX, 2 et 11.

CONCLUSION

Notre principe moderne de la Souveraineté nationale est-il en contradiction avec l'ordre voulu de Dieu ? Telle est la question qui a fait la matière de ce livre.

Pour la résoudre, l'on s'est demandé :

I. Si notre Souveraineté de la nation est un fait exclusivement moderne et français.

II. Si elle est en désaccord et en lutte avec le genre humain, non pas, simplement, sur des points secondaires et libres, mais sur les points qu'il a tenus de tout temps pour fondamentaux et inviolables.

III. Si les fondements attribués par le genre humain à l'ordre social sont de Dieu, et, partant, si notre Souveraineté nationale s'attaque réellement à l'ordre établi par Dieu même.

La réponse à chacune de ces questions a dû être affirmative.

Notre Souveraineté de la nation a été convaincue d'impiété, d'usurpation et d'imposture au premier chef. Elle ne mérite qu'aversion pour la haine qui l'anime contre Dieu et le mépris qu'elle fait de l'homme. Dieu qui est tout, est pour elle comme s'Il n'était pas ; et l'homme qu'elle prétend élever à la place de Dieu, elle lui ôte conscience, liberté, droit, vérité... tout ce qui fait sa dignité et sa perfection d'être raisonnable et de chrétien.

Notre principe moderne de la Souveraineté nationale n'est donc aucunement recevable dans ses prétentions au droit de régir la France. Il doit être laissé aux contempteurs de l'homme et de Dieu.

R.F.

TABLE DES MATIÈRES

TROISIÈME QUESTION

SI LES FONDEMENTS ATTRIBUÉS A LA SOCIÉTÉ PAR LA TRADITION ONT DIEU POUR AUTEUR, ET, PARTANT, SI NOTRE SOUVERAINETÉ NATIONALE S'ATTAQUE A DIEU MÊME

CONCLUSION

FIN DE LA TABLE DES MATIÈRES

Sceaux. — Imprimerie Charaire et fils

www.ingramcontent.com/pod-product-compliance
Ingram Content Group UK Ltd.
Pitfield, Milton Keynes, MK11 3LW, UK
UKHW020317230726
13925UKWH00002B/463